青少年科技小发明：
从选题到资料撰写

陈 江 ◎ 编 著

西南交通大学出版社
·成 都·

图书在版编目（CIP）数据

青少年科技小发明：从选题到资料撰写/陈江编著.
成都：西南交通大学出版社，2025.1. -- ISBN 978-7-5774-0304-5

Ⅰ.G634.73

中国国家版本馆 CIP 数据核字第 20259723P0 号

Qingshaonian Keji Xiao Faming：Cong Xuanti Dao Ziliao Zhuanxie
青少年科技小发明：从选题到资料撰写

陈　江　编著

策 划 编 辑	李晓辉
责 任 编 辑	穆　丰
封 面 设 计	成都三三九广告有限公司
出 版 发 行	西南交通大学出版社
	（四川省成都市金牛区二环路北一段 111 号
	西南交通大学创新大厦 21 楼）
营销部电话	028-87600564　028-87600533
邮 政 编 码	610031
网　　　址	https://www.xnjdcbs.com
印　　　刷	成都蜀通印务有限责任公司
成 品 尺 寸	170 mm × 230 mm
印　　　张	13
字　　　数	206 千
版　　　次	2025 年 1 月第 1 版
印　　　次	2025 年 1 月第 1 次
书　　　号	ISBN 978-7-5774-0304-5
定　　　价	45.00 元

图书如有印装质量问题　本社负责退换
版权所有　盗版必究　举报电话：028-87600562

前言

发明是发明人的一种思想结晶，这种思想结晶可以在实践中解决技术领域里特有的问题。

科技小发明是指少年儿童在日常生活、学习、劳动中，利用已有的科学技术知识对使用起来感觉不称心、不方便的物品或方法加以改进、改革和创新，设计、制造出具有创新性，使用起来更称心、更方便的新物品或者新方法。科技小发明是新型实用的身边科学。全国青少年科技活动领导小组对科技小发明的主要项目做了明确规定：第一，发明，指一切具有新颖性、先进性和实用性的科技成果；第二，改进和革新，指对原有物品的形状、构造或其他方面提出的改进技术方案；第三，新品种，指人工培育的动植物新的品种；第四，发现，指对前所未知的事物、现象及其规律的揭示。

少年儿童通过科技小发明可以参加青少年科技创新大赛、宋庆龄少年儿童发明奖和明天小小科学家等竞赛活动，但随着人工智能时代的到来，依靠传统的小发明作品在现在的竞赛活动中很难获得理想的名次。因此，把人工智能知识融入科技小发明作品中是提高作品质量的重要途径。这就是本书编写的初衷：帮助孩子们学习如何从头到尾完成一个科技小发明作品的全过程，即包含确定课题、制订方案、制作模型或者原型、优化改进、撰写研究报告等内容。通过本书，旨在让更多的人喜爱这个活动，参与这个活动，扩大这个活动，助力全民创新热潮。

由于编者水平有限，书中难免有疏漏和不足之处，恳请广大读者批评与指正。

作　者

2024 年 8 月

于遵义市第一中学

目 录

第一讲　明确课题 …………………………………………………001

　　一、选　题 ………………………………………………………001

　　二、确定课题 ……………………………………………………002

第二讲　课题研究 …………………………………………………004

　　一、信息的收集与整理 …………………………………………004

　　二、设计构思 ……………………………………………………005

　　三、设计方案的制订 ……………………………………………006

　　四、制作过程 ……………………………………………………007

第三讲　研究报告撰写 ……………………………………………009

　　一、标　题 ………………………………………………………009

　　二、研究者基本情况 ……………………………………………009

　　三、中文摘要 ……………………………………………………010

　　四、英文摘要 ……………………………………………………013

　　五、创意来源 ……………………………………………………016

　　六、设计思路 ……………………………………………………019

　　七、创新点 ………………………………………………………021

　　八、研究过程 ……………………………………………………024

　　九、原理图与流程描述 …………………………………………039

十、实验探究与结果展示……………………………………048

十一、使用效果………………………………………………054

十二、总结与展望……………………………………………056

十三、参考文献………………………………………………058

第四讲　研究报告案例………………………………………067

　　校园图书管家………………………………………………067

　　智能输液监控系统…………………………………………081

　　智能环境监测机器人………………………………………095

　　"三位一体"智能调光系统…………………………………106

　　基于物联网的智能窗户设计………………………………116

　　智能家用迷你气象站………………………………………127

　　"懒人"温度监控系统………………………………………140

　　精度浇花系统………………………………………………151

　　智能图书管理系统…………………………………………160

　　智能手势门禁设计…………………………………………169

　　基于图像学习的垃圾智能分拣系统………………………180

　　家用智能晾衣管理系统……………………………………191

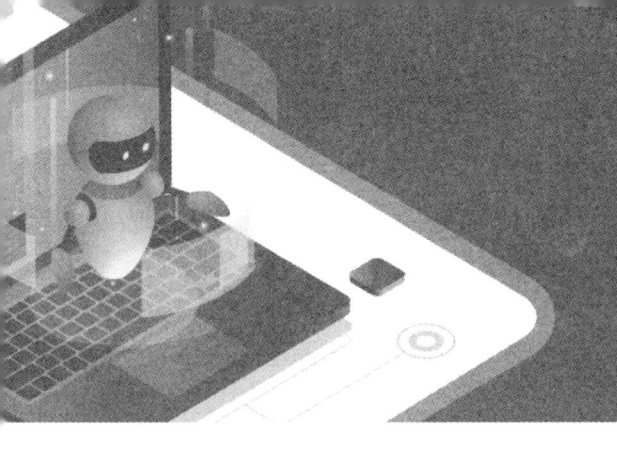

第一讲
明确课题

一、选 题

明确问题的前提是选题。广义的选题范围较大，如文学创作的选题、科学探究的选题等，而科技小发明的选题范围主要来源于学生学习和生活中的设计问题，解决的问题比较单一，使用的材料比较常见，设计、制作所花的经费较少。

设计问题一般都源自三种情况：第一种是人类生存活动中遇到的必须解决的问题，如人类基本的衣、食、住、行问题；第二种是用户指定的设计问题，如桥梁的设计、房屋的装修设计等；第三种是设计者根据一定的目的，主动发现的设计问题。第一种和第二种设计问题都是比较确定的，而第三种问题，需要设计者主动地寻找和发现。人们对美好生活的向往，是技术设计的源泉，也是技术设计的动力，下面结合实例展开介绍。

（一）来源于日常生活中的需求愿望

在每天的生活和学习中都有各种事情发生，我们需要使用大量的工具来辅助完成各种工作，但是只有少数人对所发生的事情感到好奇或者疑惑，并对其进行探究和改造，最终来满足自己的好奇心或者解开疑惑。如：强迫症终结者之智能关门提醒系统，新房健康状况远程查看助手等。

（二）别人提出的问题

在研究过程中，设计者必须针对用户提出的问题寻求解决方案，如当汽车的速度超过 200 km/h 时，空气的阻力会越来越大，为了解决这个问题，设计了外观呈流线型的汽车，这个问题就是别人给出的。在我们的学习和工作中，经常会遇到别人给出的设计问题，如针对家里的老人对温度不敏感，经常烫到嘴的问题，学生设计了"懒人"温度监控系统；针对学生宿舍管理问题设计了宿舍评价辅助系统；针对生物课上学生对血糖浓度的激素调节过程不容易理解的问题，设计了人体血糖浓度的激素调节演绎模型。

（三）自己主动发现的问题

该类问题是指设计者基于一定的目的而主动发现的问题，如在航天领域需要发射绕月卫星，但存在火箭推力不足的问题，必须研制大推力火箭，这就是主动发现的问题；在学校借阅图书时，学生发现手动登记特别麻烦，于是设计了名叫智能图书管理家的智能书柜；学习时由于坐姿和灯光问题会对学生的身心健康发展产生不可逆的影响，于是设计了基于图像识别的智能书桌，等等。

二、确定课题

（一）明确设计的价值

（1）计划开展的设计是否是市场或用户需要的，是否能满足用户对产品功能、性能、质量和数量的要求。

（2）计划开展的设计的社会效益和生态效益如何。

（3）计划开展的设计是否具有创新性，是否具有技术推广的价值。创新性可以通过查阅文献，通过互联网检索，发现有无相同或类似作品。如有相同或类似作品，明确自己的设计与其他产品设计的不同之处。

（4）计划开展的设计成本情况如何，投入和产出比如何。不符合成本效益原则的设计不宜采用。

（二）明确设计的技术要求

（1）设计的技术标准。设计的标准也叫设计规范，国家标准化管理委员会设有专门的网站，提供免费的国家标准查询服务。

对于一些设计，可能没有直接对应的设计标准，例如校庆广告宣传灯设计，我们可以参考广告宣传灯和宣传装饰灯行业的设计标准，并根据学校或小组的设计要求制定校庆广告宣传灯设计标准。

（2）设计的主要技术难点。例如，设计圆形大红灯笼时，可能的技术难点是捆扎大尺寸的灯笼骨架；设计旋转彩色广告宣传灯时，可能的技术难点是制作彩色光源，以及小型电动机、滚轴结构等问题；设计多用途（两个功能以上）广告宣传灯时，可能的技术难点除了各功能自身的难点之外，还有其复合结构的协调运行问题。

（3）要考虑设计委托人或者产品使用者的设计要求。

（三）明确设计的限制

设计的限制是指设计产品的活动受到时间、成本、环境等约束。

（四）明确设计的能力和条件

（1）个人或团队的设计能力。设计能力可以是一名设计者个人能力的表现，也可以是一群设计者综合能力的表现，应根据设计的要求，构建合理、高效的设计团队。

（2）设计需要的材料、设备和技术。解决设计问题，不但与设计者本人（或团队）的设计知识、技能与经验有关，而且要考虑设计使用的原材料、工具设备、技术水平是否得到满足。

（3）其他设计的条件。解决技术问题还要考虑其他一些设计条件，如能否在限定的时间内完成，所需要的经费是否有保障，需要的人员是否可以调集等。如果条件不具备就匆忙上马，可能会使设计半途而废。

第二讲
课题研究

一、信息的收集与整理

（一）信息的收集

信息的收集指收集与设计问题相关的信息，可以通过实地调查、访问有关人员、借助媒体（广播、电视、报刊）及互联网、查阅图书资料、向专家咨询等方式进行。信息收集有两点基本的要求：

1. 要全面

收集的信息要尽量齐全，不但要收集直接信息，而且还要收集间接信息，以防有用信息的丢失。比如，校庆广告宣传灯的信息收集就需要做到以下两点：

（1）信息收集的时间跨度要足够长。例如可以收集古代的灯笼起源、近代灯笼的流行、现代广告宣传灯的应用等信息。

（2）信息收集的覆盖面要足够大。例如，信息的收集对象可以是学生、教师、学校领导、家长，甚至当地政府和相关管理部门的意见；收集的校庆广告宣传灯的设计元素可以是灯笼的结构、光源、颜色、文字、运行方式、控制方式等信息。

2. 要真实准确

收集的信息可靠性要高，力求准确无误。学会辨别信息的真伪，排除虚假和误导性信息干扰，以免影响设计的顺利进行。

（二）信息的整理

收集的原始信息通常是碎片化的、零散的，甚至还可能混杂有虚假、有害的信息，所以在利用这些信息前必须进行整理，筛选出对设计有用的信息。

1. 信息整理的常见方式

（1）分类整理：把收集到的信息按性质和内容分类归纳整理。

（2）去伪存真：把收集到的信息进行鉴别处理，区分信息的真伪和可靠性。

（3）把握重点：对信息进行筛选处理，按重要性排序。

（4）生成信息：进一步对信息进行分析与综合，抽象概括为所需要的信息。

2. 信息整理的常用方法

（1）分类法：按信息的某一要素归纳整理。

（2）比较法：对同类信息进行对比分析。

（3）核对法：对可能有用的信息进行调查、收集、佐证、审核查对等。

（4）评估法：请专家学者对信息的价值和可靠性进行评估。

（5）分析法：对信息内容的可靠性、合理性，以及产生的效果因素、价值因素和构成因素进行逻辑分析和判断，评价信息的可靠性和合理性。

二、设计构思

设计的根本出发点是要满足使用者与使用环境的需求。因此，产品、使用者、使用环境成为设计中要重点分析的因素。

产品与使用者、使用环境构成了人机关系（见图 2-1）。在处理人机关系时，要坚持以人为本的设计思想；要树立产品设计的整体观，运用工程思维进行系统分析、比较和权衡，努力使设计做到最优；要充分考虑产品对环境和生态的影响，体现生态优先、绿色发展的理念；要努力体现设计的文化性和艺术性，大力弘扬社会主义核心价值观和中华传统美德。

设计方案构思的方法有多种，如常见的黑箱法、列举法、移植借鉴法、筛选法等。

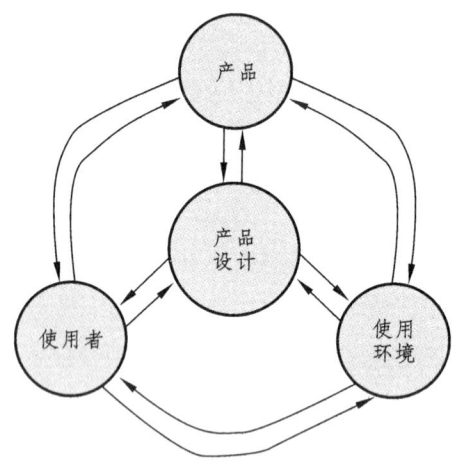

图 2-1 课题设计的因素分析

三、设计方案的制订

设计方案的制订是指设计者将设计思想与设计目标按照一定的设计原则和设计规范，用文字、图表呈现出来的过程。方案设计通常要根据设计任务进行编制，它由设计说明书、设计图纸及成本估算三部分组成。

（一）设计说明书

设计说明书是预先对设计项目进行全面构思、统筹规划之后编制的。设计说明书由封面（内容有单位名称、产品名称、设计人签字、设计日期、单位负责人签字）、产品外观总图（效果图）、目录、设计说明书正文等几部分构成。其中，设计说明书正文一般包含以下内容：

1. 设计依据及设计要求

（1）设计依据的规范、规程及规定。

（2）设计的要求。

（3）所设计产品的类别。

2. 设计主要阐述的内容

（1）产品功能及其指标。

（2）产品安全信息。

（3）新技术、新工艺、新材料采用情况。

（4）标准化情况。

（5）条件许可时，阐述产品选型及产品制作方式。

（6）其他需要阐述的问题。

（二）设计图纸

1. 设计图纸内容

设计图纸内容包括封面、目录、图纸和说明等。

2. 总图和详图

设计图纸一般需要设计产品总图和详图。产品总图是制作详图的依据，详图则是产品总图的细化和补充。如果是结构复杂的产品，可以有多份总图或详图，分别对应各个主要部件。产品详图一般为零件的三视图、结构图，构件的平立面布置图、断面图，产品安装图等。

3. 对设计图纸的要求

（1）应满足编制生产施工预算和生产施工招标要求。

（2）应满足进行备料的要求。

（3）完成生产施工详图的要求。

（4）进行工程或者产品验收的要求。

（三）成本估算

方案设计的成本估算文件包括成本估算编制说明、成本估算表及用材量估算表。成本估算编制说明应包括编制依据及其他必须说明的问题等内容。成本估算表编制内容可参照国家和本地区有关产品设计概算、预算文件。用材量估算是指产品生产过程中主要材料的消耗总量。

四、制作过程

模型或原型的制作一般可分为以下几个步骤。

（一）制作准备

为了有效地控制制作的进展，安全高效地制作出高质量的模型或原型，需要制订制作实施计划：

（1）根据设计方案列出所需的材料明细表，确定采用自制加工还是购买标准件。确定制作所用的零件、加工工艺和工具。

（2）要注意区分每一阶段制作工艺的先后顺序，充分估计制作各阶段所需的时间与人力。合理安排各阶段的时间，计划好人员的分工与职责。

（二）零件加工

材料在进行加工前，需要按照材料明细表中的零件尺寸规格和质量要求，进行仔细画线，然后使用适当工具进行加工。

（三）产品装配

产品装配包括由零件组装为部件，再由部件组装为成品。常用的产品装配工艺有榫接、钉接、铆接、螺栓连接、黏接和焊接等方式。在现代产品制造中还广泛利用特制装配零件接合部件的连接件接合方法，这种接合可以反复拆装而不影响制品的强度。采用连接件接合可以简化产品结构和生产工艺，有利于产品的标准化和部件的通用化，也给包装、运输、储存带来了方便。

（四）表面涂饰

表面涂饰是产品制作的重要工序，它除了起保护材料的作用外，还使产品的外形更为美观。

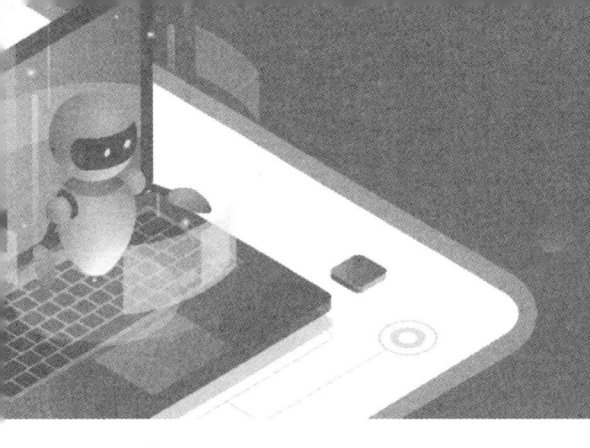

第三讲 研究报告撰写

一、标　题

标题在整个研究报告中起点明主旨的作用，直接关系到评委对研究报告的第一印象，如标题为红绿灯或者交通灯，给人第一感觉就是创新性不足，因为关于红绿灯的研究报告很多。所以在标题中必须突出研究的主要内容，如"基于车流量监测的智能交通灯"，车流量监测就突出了本报告交通灯与其他报告的区别所在，让人想继续知道报告是怎么样实现车流量监测的，以及车流量是如何参与红绿灯控制的。所有标题陈述必须规范、明晰，问题的陈述必须能为课题的研究指出明确的重点和方向，人们从题目中可以立刻了解到报告所研究的重点是什么，研究方向是什么，同时陈述应该简洁明了，确定研究活动的关键内容。陈述问题可以采用叙述或描述的形式，也可采用问题形式，例如，"垃圾的回收和利用"这个陈述课题研究的重点和方向就显得不明确，如果改为"城市垃圾的回收和利用"，虽然比前一个陈述有所明确，但"垃圾"的范围表述还不够明确，所以，还可以把这一课题进一步明确为"城市生活垃圾的回收和利用""学校垃圾的回收和利用"。在课题的陈述中，一般采用叙述的形式，常见的标题名称应尽可能表示为"使用的新技术+研究问题+研究方法"，如"智能手势门禁设计"；也可以采用比喻、拟人等手法吸引评委的眼球，如"新房健康状况远程查看助手"。

二、研究者基本情况

基本格式：姓名（单位+邮编）。如：陈××（××市××中学 563000）

三、中文摘要

中文摘要一般要求 500 字左右，描述清楚作品即可，是整篇研究报告的概述。摘要一般包括：该项研究工作的目的和重要性；完成了哪些工作（研究内容各过程的概括性叙述）；获得的主要结论（这是摘要的中心内容）。摘要应突出研究课题的创新部分。摘要中一般不用图、表、化学结构式、非公知公用的符号和术语。论文关键词 3~5 个，用显著的字符另起一行，排在摘要的左下方。

中文摘要实例 1

课题：智能手势门禁设计

摘要： 现在的门禁系统大多数采用刷卡结合钥匙开锁的设计，所以人们出门必须携带门禁卡或者钥匙，如果忘记带可能带来很多麻烦。人工智能是化繁为简的主要途径，用人工智能可以很好地解决这个问题，通过手势解锁可以让用户很方便地出入门。本智能门禁和日常手机屏幕 3×3 手势解锁一样，操作简单；采用 ArduinoUNO 处理器，可以很好保证设备的性能和稳定性；采用红外测距传感器感应手势，使其解锁过程变成一个立体线路图，在解锁过程中用户的手并不需要接触门禁锁，这样变得更加安全和有趣，管理员也可以定期更换密码来保证密码的安全；通过电磁锁来实现开门，整体设计紧凑，可以对现有的门禁进行改装，价格便宜。

关键词： 人工智能；门禁系统；手势识别；Arduino Uno；电磁锁

中文摘要实例 2

课题：多功能智能水杯座

摘要： 本设备不仅是一个能提醒你喝水的水杯座，更是一个办公、学习、生活的好帮手，它具有定时提醒、行程提醒功能，会实时显示北京时间；能远程手机控制，具有喝水习惯、次数等远程查看功能；具有天气预报功能，并对所处环境温度、湿度、气压进行实时监测，温度、湿度异常时会提醒使用者；监测设备是否被晃动，如果被晃动，会发错误警报，进行一些意外预警（如地震）；设备摒弃了传统的实体按键、触摸等交互方式，采用非接触式的手势控制方式，扩大了设备的感应范围，也提高了设备的趣味性和颜值。本设备采用 ESP32 主控芯片，包含压力传感器、三轴加速度计、温度传感器、湿度传感器、气压传感器、物联网模块、无源蜂鸣器、OLED（有机发光二极管）显示屏、手势识别传感器等硬件，采用 Python 编程，使得设备性能强大，功能丰富。

关键词：天气预报；水杯架；遥控器；环境监测；远程手势控制；ESP32 芯片

中文摘要实例 3

课题：基于物联网的智能窗户设计

摘要：本系统所述物联网单元、环境亮度传感器单元、水分传感器单元、空气质量监测仪（PM2.5、甲醛、温湿度）单元和控制按钮的信号输出端均与 Arduino 控制单元对应的信号输入端连接，Arduino 控制单元输出信号至电机驱动单元以控制步进电机。本系统通过设置物联网单元、环境亮度检测单元、水分检测单元、空气质量监测仪、控制按钮、Arduino 控制单元和电机驱动单元，利用各单元之间的协作来自动控制窗户在不同环境下的开合以及开合程度，解决了开关窗户需要人工进行所带来的诸多不便。本系统可以通过水分检测单元在下雨天自动关闭窗户，可以通过空气质量监测仪单元在出现失火或泄漏煤气浓度超过一定范围时自动开窗，自动适应不同环境条件下窗户的开合要求，用户也可以远程查看窗户的开合情况和控制窗户的开合。

关键词：物联网；智能窗户

中心摘要实例 4

课题：基于语音识别的智能台灯

摘要：基于语音识别的智能台灯由 Arduino 开源硬件（处理器）、Android 系统手机客户端、光传感器、Arduino 语音识别模块组成。此调光系统有自动调光的功能，光传感器通过外部环境光照强度的不同自动调节灯的亮度：外部光照强度越大，灯越暗；外部光照强度越暗，灯越亮。在夜晚，灯的亮度范围适宜于人们的工作学习，即使是最大亮度，也不会损害人们的眼睛。用户也可以通过语音控制台灯调节亮度，每次识别成功都会发出提示音，表示操作已成功完成。此外，用户还通过 APP（手机软件）添加控制系统，可以在手机上通过（手指拨动）滑动条无极调光，APP 把用户设置的信息通过蓝牙发送给 Arduino 硬件系统，从而调节灯的亮度。该系统硬件安装简单，可以给现有的灯进行改装，在床上休息时控制卧室、客厅里的灯，方便实用。

关键词：语音识别；自动调光；蓝牙调光

中文摘要实例 5

课题：智能家用迷你气象站

摘要：智能家用迷你气象站由 Arduino Uno 主控板、扩展板、物联网模块、温湿度传感器、三轴加速度计、气压传感器、空气质量传感器、蜂鸣器等硬件组成，其成本低廉，利于安装，使用方便。通过该气象站，用户可以在生活中随时随地了解当前的天气信息和家里的空气质量以及温湿度，早上起来能很方便地知道当天的衣服应该怎么搭配。智能家用迷你气象站利用物联网，可以准确获取到天气信息，也能将数据传输到云端，使用者可以通过手机查看家里的空气质量、气压值和温湿度。它还利用了蜂鸣器模块，在空气质量差或者天气预警时能发出提示声，使用者可以通过敲一敲来停止提示声。这样既提高生活的便捷性，又给我们生活添加了科技感。

关键词：天气预报；物联网；智能提醒

四、英文摘要

英文摘要的内容要求与中文摘要一致，关键词要准确。中文"摘要"的英文译名统一为"Abstract"。

英文摘要实例 1

课题：智能手势门禁设计

Abstract: Artificial intelligence is the main way to reduce complexity to simplicity. Most of the current access control system is designed by swiping Cards and adding keys to unlock locks. Therefore, we must take access control Cards or keys when going out. By gesture to unlock the owners can have very convenient access. This intelligent access control system is as simple to operate as the daily 3 × 3 gesture unlock on mobile phone screens, users can easily to learn and use the Arduino Uno processor, it can guarantee the equipment performance and stability. with infrared distance sensor sensing gestures, the unlocking process becomes a stereo circuit diagram, the user's hands do not need to touch the access control lock in the unlocking process, making it safer and more fun. administrators can also change the password on a regular basis to ensure the security of the password. Through the electromagnetic lock to open the door, the overall design is compact, the existing access control can be modified, cheap and fine.

Keywords: Artificial Intelligence; access control system; gesture recognition; Arduino Uno; electromagnetic lock

英文摘要实例 2

课题：多功能智能水杯座

Abstract: This device is not only a water cup holder that can remind you to drink water, but also a good helper for office, study and life. Remote mobile phone control, drinking habits, times and other remote view functions. With weather forecasts and real-time monitoring of ambient temperature, humidity and air pressure, users will be reminded when the temperature and humidity are abnormal. Monitoring equipment for shaking—if shaking occurs, it will send an alarm, which could indicate events such as an earthquake. The device has abandoned the traditional physical button, touch and other interactive ways, and only by using gesture non-contact control, it has expanded the scope of the device, but also improved the level of interest and appearance of the device. ESP32 main control chip is adopted, including pressure sensor, triaxial accelerometer, temperature sensor, humidity sensor, pressure sensor, Internet of Things (IoT) module, passive buzzer, OLED display, gesture recognition sensor and other hardware. Python programming makes this device powerful and functional.

Keywords: weather forecasts; water cup holder; remote control; environmental monitoring; gesture control; ESP32 chip

英文摘要实例 3

课题：基于物联网的智能窗户设计

Abstract: The Internet of Things (IoT) unit, ambient brightness sensor unit, moisture sensor unit, air quality monitor (PM2.5, formaldehyde, temperature and humidity) unit and the signal output end of the control button in this system are all connected with the signal input end corresponding to the Arduino control unit. The

Arduino control unit outputs the signal to the motor drive unit to control the stepper motor. by setting the IoT unit, environmental brightness detection unit, water unit, air quality monitoring, control button, the Arduino control unit and the motor drive unit, utilizes the collaboration between each unit to automatically control opening and closing windows in different environment, as well as the degree of opening and closing, the system solves the many inconveniences brought about by the need for manual operation of window opening and closing. The windows can be automatically closed in rainy days through the moisture detection unit, the air quality monitoring unit can automatically open the window when the concentration of smoke or gas leakage exceeds a certain threshold, so as to automatically adapt to the requirements of opening and closing windows under different environmental conditions. Users can remotely check the status of windows opening and closing and control the opening and closing of windows.

Keywords: Internet of Things; smart windows

英文摘要实例 4

课题：基于语音识别的智能台灯

Abstract: The intelligent lamp based on speech recognition is made up of Arduino open-source hardware (processor), android mobile phone client, light sensor and Arduino speech recognition module. The dimming system has the function of automatic dimming. The light sensor automatically adjusts the brightness of the lamp through the light intensity of the external environment. The darker the external light, the brighter the lamp becomes. At night, the brightness of the lamp range suitable for people's work and study, even at the maximum brightness, it will not harm people's eyes. The user can also control the desk lamp and adjust the brightness by voice, with a successful prompt sound each time, indicating that the operation has been completed successfully. In addition, the user can also add a control system through the mobile APP, which can adjust the brightness of the lamp by sending the information set by the user to the Arduino hardware system via Bluetooth. Hardware installation is simple, it can be used to retrofit existing lamps, making it convenient and practical for controlling lamps in the bedroom, living room, and other areas.

Keywords: speech recognition; automatic dimming; Bluetooth dimmer

英文摘要实例 5

课题：智能家用迷你气象站

Abstract: The intelligent household mini weather station is composed of Arduiro Uno main control board, expansion board, Internet of Things (IoT) module, temperature and humidity sensor, triaxial accelerometer, pressure sensor, air quality sensor, buzzer and other hardware. it is low-cost, easy to install, and convenient to use. In your life, you can always know the current weather information and the air quality, temperature and humidity in your home. In the morning, they can easily know how to match their clothes for the day. The smart home mini weather station connects to the Internet using the Internet of things, it can get accurate weather information and also transmit data to the cloud. Users can check the air quality, air pressure, and temperature and humidity at home through their mobile phones. It also utilizes a buzzer module to emit an alert sound when the air quality is poor or in case of weather warnings, and users can stop the alert sound by tapping it. This not only enhances the convenience of life but also adds a sense of technology to our daily living.

Keywords: weather forecast; Internet of Things; Smart reminder

五、创意来源

创意来源主要陈述选题的背景，即提出问题并阐述研究该课题的原因。研究背景包括理论背景和现实需要。基本格式为：如何发现的问题+确定研究内容。

创意来源实例 1

课题：智能手势门禁设计

创意来源：

现在的门禁系统绝大部分是刷卡加钥匙开锁的设计，所以人们出门必须要带门禁卡或者钥匙，如果忘记了可能带来很多麻烦，用人工智能可以很好地解决这个问题。通过手势解锁可以让用户很方便地出入。我们在使用手机时可以用手势翻页，并经常使用图案解锁，于是想到了能不能结合两种操作方式来实现该功能，通过查阅文献和询问老师确定了这种立体手势解锁门禁方法，如图 3-1 所示。

手势翻页　　　　　　　解锁图案

手势解锁门的原理框架

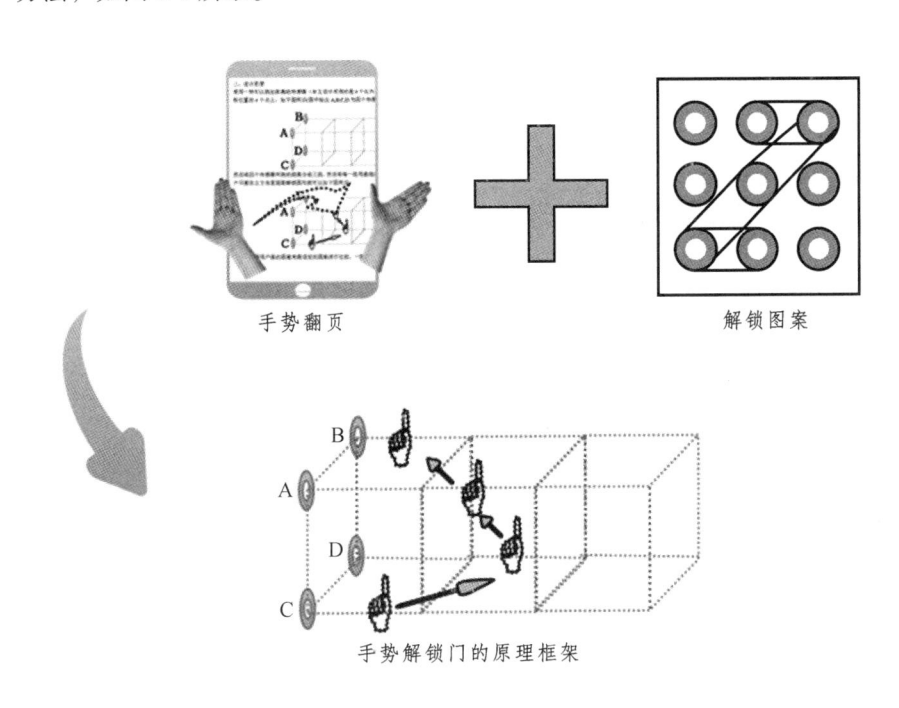

图 3-1　立体手势解锁门禁

创意来源实例 2

课题：多功能智能水杯座

创意来源：

研究表明人体每天应摄入一定量的水分，特别是清早起床和睡前半小时喝一杯水，常年坚持受益无穷。喝水有利于补充人体必需的水分，有利于稀释血液，有益于加速新陈代谢及通便，对皮肤保湿润泽、养颜有很好的作用；可以防止眼干，避免视力快速下降。日常生活中，虽然很多人都知道喝水的好处，认为要多喝水，但是很多人没有养成喝水的习惯。所以本课题设计了一个智能水杯座来帮助大家，与此同时，如果水杯座还能具有其他的一些功能来帮助我们学习、工作或者生活，这也能做到一举多得。这样的设备具有很强的实用性。

创意来源实例 3

课题：基于物联网的智能窗户设计

创意来源：

目前，许多家庭中使用的窗户仍为普通窗户，开关窗户需要人工进行，经常会出现家中无人但是没有关窗，盗窃者通过爬窗户进入家里偷盗等状况。现如今，虽然智能窗户的市场正在逐步打开，但现存于市场中的智能窗户的功能并不齐全，并且国内外目前都没有对智能窗户进行大批量生产的先例，且目前国家标准中没有对智能窗户进行标准化，使得现今的智能窗户体系不具备兼容性，推广困难。装修好后想要换成智能窗户就只能整套换掉，更换成本也很高。所以本课题设想了一种成本低、能自动感应并自动关窗的装置，这样就能完全防止意外情况的发生，因为许多家庭都不愿破坏原有窗户去更换智能窗户，而该装置的优点就是无须破坏原有窗户，只需在原来的基础上把装置安装在窗户上即可，它还可以用手机远程控制，便于推广。

六、设计思路

设计思路主要介绍制作发明作品的思路，如使用什么样的技术，什么样的材料，以及是通过何种手段来实现作品的。

设计思路实例 1

课题：智能手势门禁设计

设计思路：

使用红外测距传感器分别安装在对称位置的点上，用户解锁时将传感器所测的距离分成段，然后将检测到的每一段用虚线连接起来组成一个立方体，用户只要在立方体里面用手画出解锁图，Arduino 控制器会根据用户画的图案和设定的图案进行比较，如果一致就会发送指令给电磁锁触发解锁功能，如图 3-2 所示。

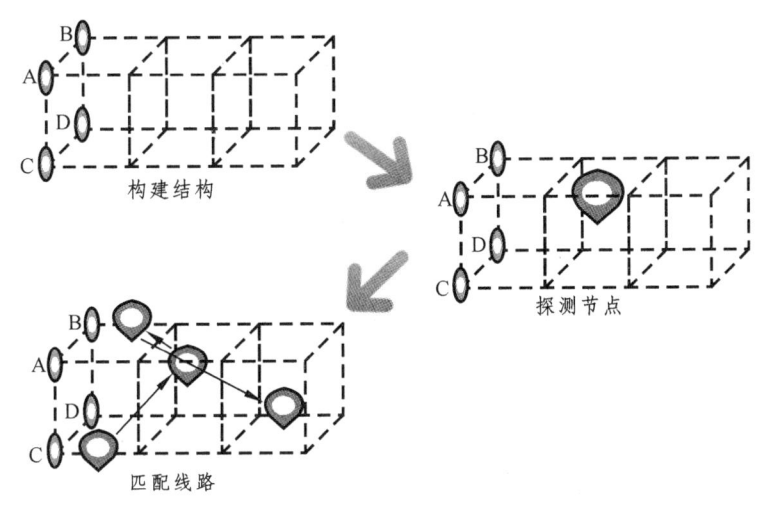

图 3-2 智能手势门禁设计

设计思路实例 2

课题：多功能智能水杯座

设计思路：

通过定义几种手势来实现对设备功能的选择和参数的设定，使用物联网模块连接互联网来获取天气信息，让使用者可以知道该如何搭配衣服，也可以通过手机远程查看使用者的相关信息。湿度、温度传感器可以实时监测当前的湿度和温度，当温度或湿度异常时会提醒使用者，气压传感器可以实时获取压强值，三轴加速度计可以监测设备是否出现晃动，如果发生晃动会发出错误警报，进行一些如地震的意外预警。

设计思路实例 3

课题：基于物联网的智能窗户设计

设计思路：

主控制器可以控制主要的传感器，还可以控制其他的一些传感器，如物联网模块可以实时监测窗户状态以及控制窗户的开合，空气质量监测仪能够检测空气中 PM2.5、甲醛、温湿度，光敏电阻传感器能够检测光照强度，水分传感器能够检测环境是否有雨。为解决上述技术问题，本系统提供了一种窗户开合控制系统，该窗户开合控制系统通过环境亮度检测单元、水分检测单元、空气质量监测仪单元、控制按钮、Arduino 控制单元和电机驱动单元来自动控制窗户的开合，解决了开关窗户需要人工进行所带来的诸多问题。

本系统环境亮度检测单元、水分检测单元、空气质量监测仪单元和控制按钮的信号输出端均与 Arduino 控制单元对应的信号输入端连接，Arduino 控制单元输出信号至电机驱动单元以控制步进电机。

环境亮度检测单元采用光敏电阻进行亮度检测。该单元设置有亮度侦测模块和主控模块，且亮度侦测模块和主控模块之间还设置有偏置电路。

亮度侦测模块包括光电传感器 PD、取样电阻 R_0 和滤波电容 C_1，光电传感器 PD 的一端连接电源 V_{DD}，另一端通过取样电阻 R_0 连接至基准电压 V_{SS}，滤波电容 C_1 并联于取样电阻 R_0 的两端。

光电传感器 PD 和取样电阻 R_0 之间的连接导线连接至主控模块的模数转换电路，模数转换电路依次通过查找电路、数模转换电路连接至比较器的一个输入端，比较器的另一输入端输入参考信号。

偏置电路包括电阻 R_2，其一端连接电源，另一端连接亮度侦测模块和主控模块。

本系统的有益效果在于：通过设置物联网单元、环境亮度检测单元、水分检测单元、空气质量监测仪单元、控制按钮、Arduino 控制单元和电机驱动单元，利用各单元之间的协作来自动控制窗户在不同的环境下的开合以及开合程度，解决了开关窗户需要人工进行所带来的诸多不便；可以通过水分检测单元在下雨天自动关闭窗户；可以通过空气质量监测仪单元在出现失火或泄漏煤气浓度超过一定范围时自动开窗，自动适应不同环境条件下窗户的开合要求。

七、创新点

创新点能通过对比已有的作品来进行分析，可以通过佰腾网、国家知识产权局专利检索及分析、中国知网等网站进行检索。对比分析后挖掘出自己作品的创新之处。

创新点实例 1

课题：多功能智能水杯座

创新点：

（1）应用物联网新技术，使设备更加智能，不仅可以通过互联网获取准确的天气信息和时间信息，还能通过手机远程控制并查看使用者的饮水情况。

（2）使用手势来控制设备，使得环境和使用者对设备的影响较少，比如使用者的手是湿的或者脏的也能操作设备，不会弄湿或者弄脏设备。

（3）设备具有智能提醒、温湿度查询等功能，能很好地辅助我们学习和工作，一机多用，使我们的工作或者学习环境更加简洁、智能。

创新点实例2

课题：智能家用迷你气象站

创新点：

（1）帮助使用者了解天气和空气质量、温湿度、气压等信息，并针对重要信息进行智能提醒。

（2）智能家用迷你气象站造价低廉，约计150元，大部分家庭能够接受。

（3）智能家用迷你气象站无须安装，插电即可使用，简单方便。

创新点实例3

课题：智能输液监控系统

创新点：

创新性：我们改变了原本病人输液需要病人自身或病人家属时刻监督输液进度并人工提示输液信息的方式，使病人能够很好地休息，避免病情进一步加重。我们采取的是用红外线对输液液面进行监控，如果液面下降到红外线以下系统则会报警，医护人员就会来病房换药，从而达到保护病人的目的。

科学性：控制系统为E2-RCU控制系统，采用32位高性能ARM处理器，主频72 MHz；配备2.4" LCD彩色触摸屏，分辨率为320×240像素，65万色，操作方便；内置音量检测和发声模块，能实现简单的人机对话；采用12路6芯RJ11接口设计，其中8路数字/模拟复用端口、4路自带驱动的伺服马达端口，具有自我保护功能，任意接插而不损坏；支持U盘程序下载模式；提供外接电源和内置6节5号电池的两种供电方式；能够快速准确地发出报警信息，让医护人员能够根据报警信息进行相应的后续处理，避免病人发生其他危险情况。

实用性：（1）智能化，能够实现无人监管并智能提醒医护人员更换输液瓶，能提前报警，给医护人员一定的缓冲时间；（2）精确化，严格精准地监控输液液面，防止液面过低，从而形成空气栓塞，让病人呼吸困难；（3）通用化，该报警系统是可扩展编程接口的控制器，内置发声模块，也可扩展外置扩音设备，声音响亮，可以运用在任何需要报警装置的地方。

创新点实例 4

课题：智能环境监测机器人

创新点：

创新性：该机器人用于向社区或学校等场所提供在线的、区域化的、直观的实时空气质量监测数据。很多地方已经安置了传统固定空气质量监测站点，而该机器人可以到任何一个地方去监测，更方便、简洁，而且以每分钟或少于一分钟一次的频率更新高质量监测数据。环境监测机器人的传感器小巧、经济，能够为城市和居民提供一个非常重要的全新视角来监测空气质量实时信息，弥补传统空气监测方式的不足。

科学性：采用了 Arduino 控制器 Mega 2560 R3 为主控制器，同时也用 ArduinoLEGO 机器人控制器进行辅助，分别用光敏电阻传感器、数字温湿度传感器 DHT11 模块、GP2Y1010AUOF 灰尘传感器和声音传感器来检测光照、温度、湿度、PM2.5、声音，再通过显示器交替显示检测的数据，方便用户查看。也可以通过无线方式将数据传输到计算机或者手机上。机器人采用废旧材料组成，具有环保性。对控制器提供电源也采用安全的方式，用锂电池进行充电交替使用。使用蜂鸣器模块进行报警，让我们生活在更舒适的环境中。

实用性：（1）智能化，能够自动完成检测并且通过无线信道传输到计算机或者手机上进行查看，当检测的数据超过我们预先所设定的最适值时，能够发出系统报警，提醒用户。该机器人还能运动到远距离的地方进行检测，不需要人跟随，具有独立完成工作的能力。（2）精确化，它能够较为准确地检测环境中的数据，用户可以通过计算机或者手机远程控制机器人的工作。

（3）环保性，采用废旧材料制作，而且成本低廉，对环境没有污染，对社会的经济发展也具有一定的促进作用。

创新点实例 5

课题：好学生书桌

创新点：

创新性：改变了以往人工监督学生学习的方式，用红外传感器来检测学生是否坐好，从而节约了监护人的时间；采取 PWM 智能调光，如果周围环境光不适合人眼阅读时，会自动把光调到适合的范围，从而达到保护视力的目的。

科学性：采用的控制系统为 Undo 控制系统，配备显示屏，操作更方便；内置光敏检测和信号模块，实现学生一坐上椅子，桌子就会收到信号并开始下一步工作；能够快速准确地发出提醒信息，使学生能够根据提示信息调整好坐姿，避免坐姿不正确引发的一系列问题。

实用性：（1）智能化，能够实现无人监管并智能提醒学生，使学生养成良好的坐姿习惯；（2）人性化，通过 PWM 自动调光来起到保护视力的效果；（3）具有报警功能，该报警系统是可扩展编程接口的控制器，内置发声模块，也可扩展外置扩音设备，声音响亮，可以运用在任何需要报警之处；（4）个性化，该产品纯手工制造，美观、简约、时尚，用户还可以根据爱好自行装饰外表。

八、研究过程

通常情况下研究过程包含材料清单、使用工具、制作过程等内容，在撰写研究过程并需要用到图、表、公式等时应遵守以下要求。

（1）图形要清晰可分辨，插图要精选，切忌与表及文字表述重复。

（2）图形坐标比例不宜过大，同一图形中不同曲线的图标应采用不同的形状和不同颜色的连线。

（3）图中术语、符号、单位等应与正文中表述一致，表中参数应标明量和单位。

（4）图序、图标题居中置于图的下方，表序、表标题居中置于表的上方，表注置于表的下方。

（5）表格一律使用三线表。三线表中可以加辅助线，以适应较复杂表格的需要。

（6）图、表应与说明文字相配合，图形不能跨页显示，表格一般放在同一页内显示。

（7）公式一般居中对齐，公式编号用小括号括起，右对齐，其间不加线条。

（8）文中的图、表、公式、附注等一律用阿拉伯数字按章节连续编号，如图1-1、表2-2、公式（3-10）等。

插表例：（表格一律使用三线表）

表3-1　试验地土壤主要化学性质

土壤类型	有机碳/(g·kg^{-1})	全氮/(g·kg^{-1})	全磷/(g·kg^{-1})	全钾/(g·kg^{-1})	速效磷/(g·kg^{-1})	PH
潮棕壤[①]	10.96	0.71	0.41	13.12	8.98	6.7

① ×××××。

插图例：

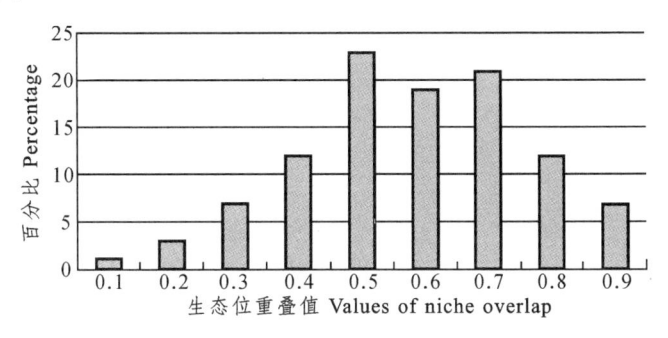

0.1表示生态位重叠值在0.1~0.2，不包括0.2，其他类推

图3-3　种群间生态位重叠值分配情况

三线表制作技巧：

第一步：在Word软件里面，点击"插入-表格"（见图3-4）插入表格并

在表格里输入相应内容（见图 3-5）。

图 3-4　点击"插入-表格"

名称	数量	备注
Arduino UNO	1	
温度传感器	1	
舵机	1	
导线	若干	

图 3-5　输入内容

第二步：选中表格，点击鼠标右键，选择边框和底纹，首先取消所有边框，再选择上边框和下边框，点击"确定"按钮保存（见图 3-6），效果如图 3-7 所示。

图 3-6　设置边框和底纹

名称	数量	备注
Arduino UNO	1	
温度传感器	1	
舵机	1	
导线	若干	

图 3-7　设置边框和底纹效果

第三步：选中表格第一行，点击鼠标右键，选择边框和底纹，选择下边框，点击"确定"按钮保存，效果如图 3-8 所示。

名称	数量	备注
Arduino UNO	1	
温度传感器	1	
舵机	1	
导线	若干	

图 3-8　表格第一行设置下边框效果

第四步：选中表格第一行，选择"视图"菜单，取消"表格虚框"（见图 3-9），效果如图 3-10 所示。

图 3-9　取消"表格虚框"

名称	数量	备注
Arduino UNO	1	
温度传感器	1	
舵机	1	
导线	若干	

图 3-10　取消"表格虚框"效果

（一）材料清单

材料清单是指作品制作时需要使用到的材料明细，需要包含材料名称、数量、备注等，材料清单需采用三线表。

材料清单实例 1

课题：智能手势门禁设计

表 3-2　材料清单

名称	数量	备注
UNO 板	1	
扩展版	1	
LED 灯	4	
电磁锁	1	
红外测距传感器	4	
DC 电源接口	1	
其他废旧材料	若干	

材料清单实例 2

课题：多功能智能水杯座

表 3-3　材料清单

名称	数量	备注
ESP32 主控芯片	1	
扩展板	1	
三轴加速度计	1	
温度传感器	1	
湿度传感器	1	
气压传感器	1	
物联网模块	1	
无源蜂鸣器	1	

续表

名称	数量	备注
OLED 显示屏	1	
手势识别传感器	1	
杜邦线	若干	
DC 电源接口	1	
其他废旧材料	若干	

材料清单实例 3

课题：基于物联网的智能窗户设计

表 3-4　材料清单

序号	名称	数量	备注
1	Arduino 控制器	1	
2	物联网模块	1	
3	步进电机	1	
4	空气质量检测仪	1	
5	水分传感器	1	
6	光敏电阻	3	
7	步进电机驱动器	1	
8	窗户模型	1	
9	导线	若干	
10	其他废旧材料	若干	

材料清单实例 4

课题：智能家用迷你气象站

表 3-5　材料清单

元件名称	数量	备注
7×9 万用板	2	
Arduino UNO	1	
物联网模块	1	
温湿度传感器	1	
蜂鸣器	1	
三轴加速度计	1	
气压传感器	1	
空气质量传感器	1	
USB 转 TTL 模块	1	
DC 电源接口	2	
电源线	2	
导线	若干	

材料清单实例 5

课题：智能环境监测机器人

表 3-6　材料清单

序号	材料名称	数量	备注
1	Arduino 控制器 Mega 2560 R3	1	
2	ArduinoLEGO 机器人控制器	1	Master 电子工作室
3	乐高 NTX 马达	4	乐高公司

续表

序号	材料名称	数量	备注
4	乐高 NTX 超声波传感器	3	乐高公司
5	GP2Y1010AU0F 灰尘传感器	1	日本夏普
6	HC-05 无线蓝牙串口模块	1	
7	APC220 无线串口通信模块	2	深圳市安美通科技有限公司
8	数字温湿度传感器 DHT11 模块	1	
9	光敏电阻传感器	1	
10	蜂鸣器模块	1	
11	乐高积木	若干	乐高公司
12	USB-TTL 设置器	1	
13	声音传感器模块	1	
14	I2CLCD1602 显示屏	1	
15	其他废旧材料	若干	

（二）使用工具

使用工具是指在制作过程使用到的工具，如计算机，电烙铁、美工刀、刻度尺、热熔胶枪等。

（三）制作过程

该部分主要介绍作品制作过程的步骤，每一步尽量使用文字和图片搭配介绍，使评委能够很清楚看出每一步做了什么，而且前后要有逻辑，不能有常识性的错误。

制作过程实例 1

课题：多功能智能水杯座

（1）将 ESP32 主控芯片接到扩展板上，如图 3-11 所示。

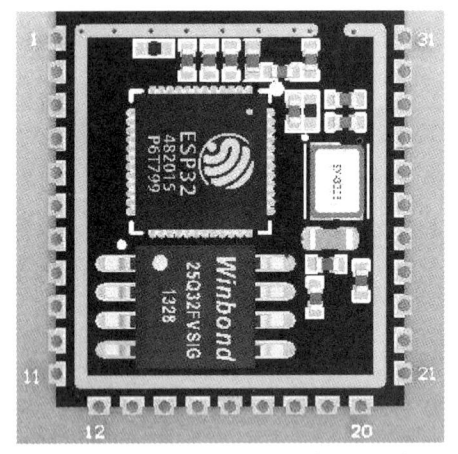

图 3-11 将 ESP 32 主控芯片接到扩展板上

（2）将三轴加速度计连接到扩展板上，如图 3-12 所示。

图 3-12 将三轴加速度计连接到扩展板上

（3）将温度传感器连接到扩展板上，如图 3-13 所示。

图 3-13 将温度传感器连接到扩展板上

（4）将湿度传感器连接到扩展板上，如图3-14所示。

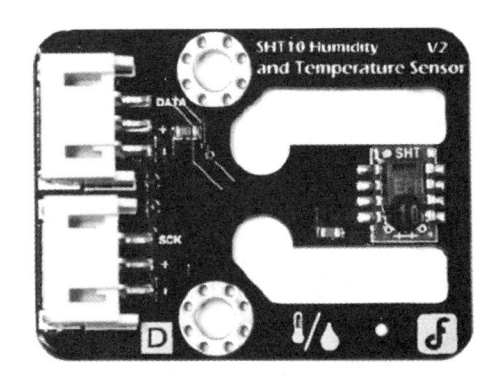

图3-14　将湿度传感器连接到扩展板上

（5）将气压传感器连接到扩展板上，如图3-15所示。

图3-15　将气压传感器连接到扩展板上

（6）将无源蜂鸣器连接到扩展板上，如图3-16所示。

图3-16　将无源蜂鸣器连接到扩展板上

（7）将OLED显示屏连接到扩展板上，如图3-17所示。

图3-17 将OLED显示屏连接到扩展板上

（8）将手势识别传感器连接到扩展板上，如图3-18所示。

图3-18 将手势识别传感器连接到扩展板上

（9）将压力传感器连接到扩展板上，如图3-19所示。

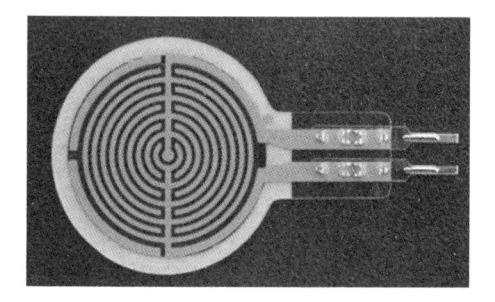

图3-19 将压力传感器连接到扩展板上

（10）将物联网模块连接到扩展板上，如图 3-20 所示。

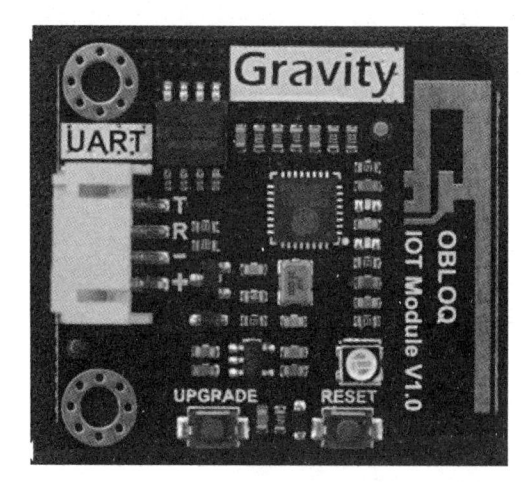

图 3-20　将物联网模块连接到扩展板上

（11）将 LED 灯对应地固定在相应的孔上。

（12）将 OLED 显示屏嵌入模型壁，并在模型外对应位置贴上标识。

（13）将手势识别模块嵌入模型。

（14）焊接 DC 电源接口（见图 3-21），并将接口嵌入模型下部。

图 3-21　DC 电源接口

制作过程实例 2

课题：好学生书桌

第一步：打开 MIND+，把 DFRduino UNOR3 主控板（见图 3-22）与 I/O 拓展板（见图 3-23）连接起来。

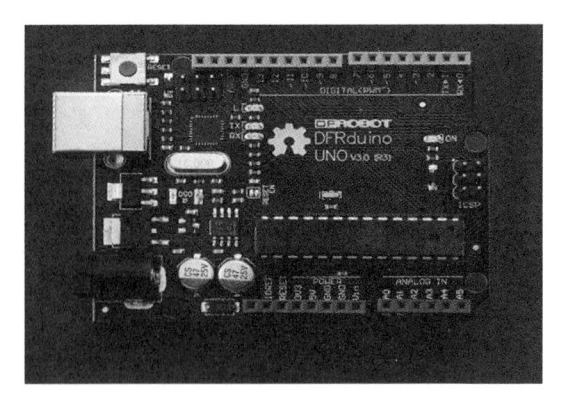

图 3-22　DFRduino UNOR3 主控板

图 3-23　I/O 拓展板

第二步：首先把椅子相关的程序写好，然后连接按钮模块、NRF24L01 信号模块，如图 3-24 所示。

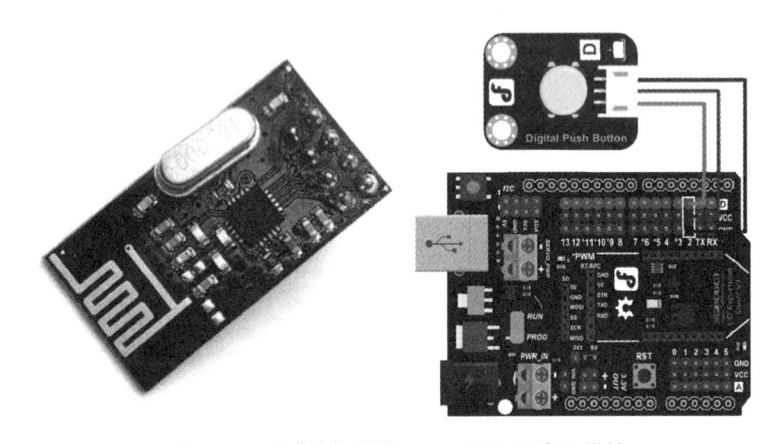

图 3-24　连接按钮模块、NRF24L01 信号模块

第三步：写好桌子相关的程序，连接两个红外接近开关，如图 3-25 所示。

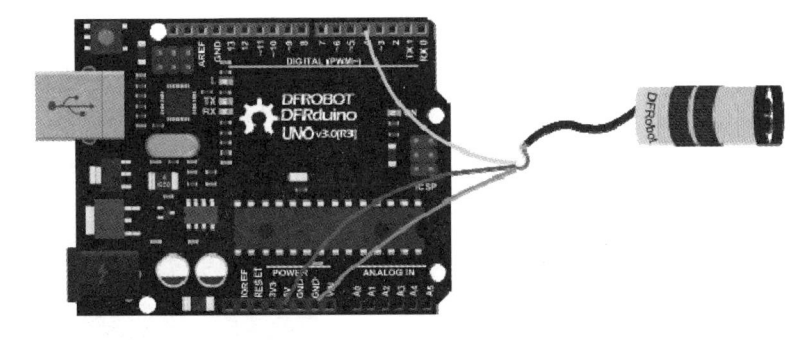

图 3-25　连接两个红外接近开关

第四步：连接光线传感器（见图 3-26）、数字蜂鸣传感器（见图 3-27）。

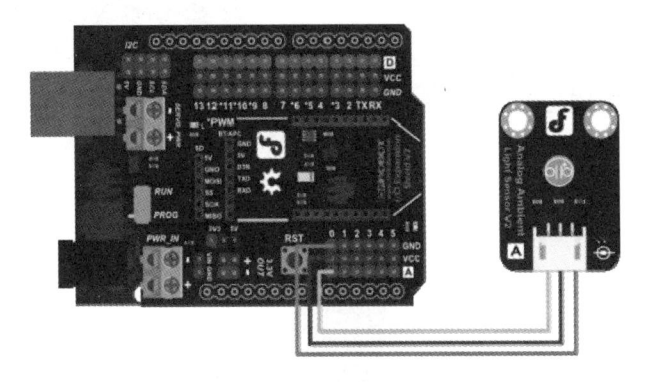

图 3-26　连接光线传感器

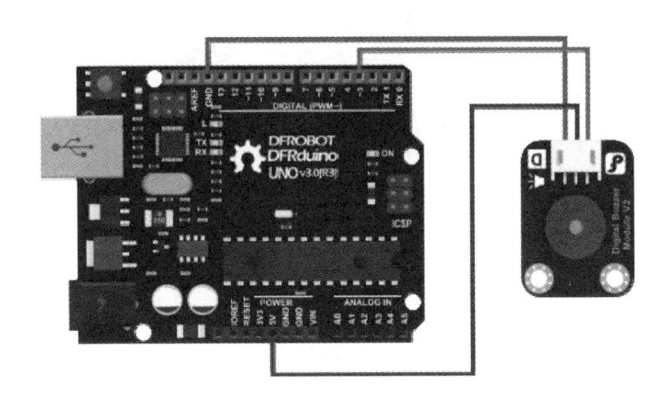

图 3-27　连接数字蜂鸣传感器

第五步：连接 LED 显示屏（见图 3-28）、红外对射传感器（见图 3-29）。

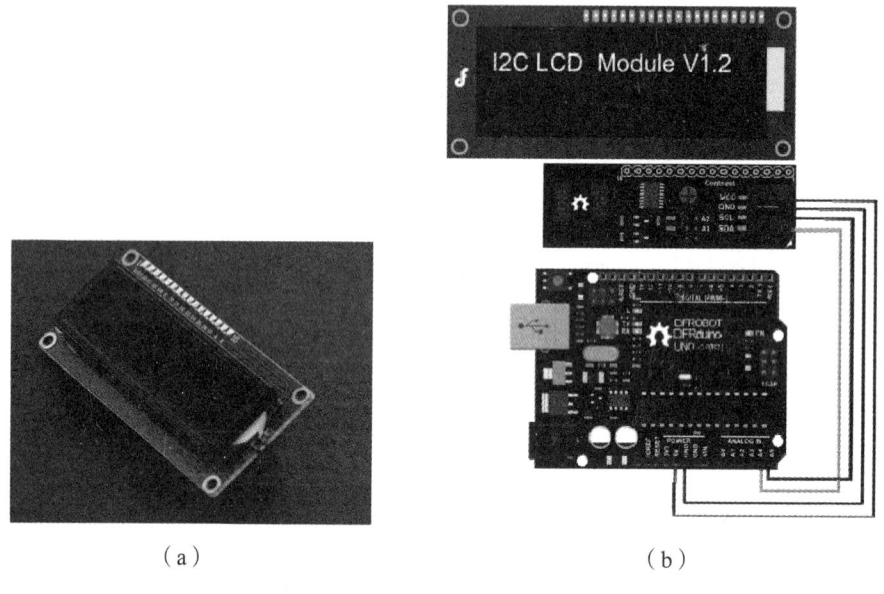

（a） （b）

图 3-28 连接 LED 显示屏

图 3-29 连接红外对射传感器

第六步：连接信号接收器，如图 3-30 所示。

图 3-30　连接信号接收器

第七步：编写程序并调试。

第八步：测试、评估、再优化、封装。

九、原理图与流程描述

（一）原理图

原理图主要呈现作品各组成部分之间的关系，如输出设备和输入设备等。

原理图实例 1

课题：多功能智能水杯座

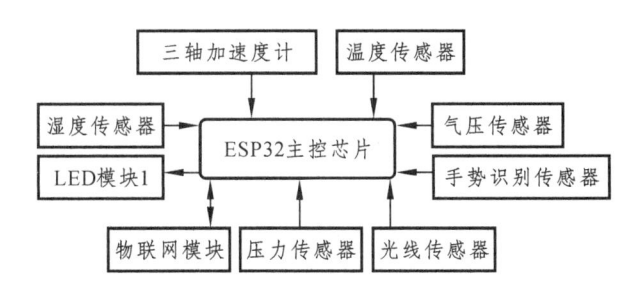

图 3-31　多功能智能水杯座原理图

原理图实例 2

课题：智能家用迷你气象站

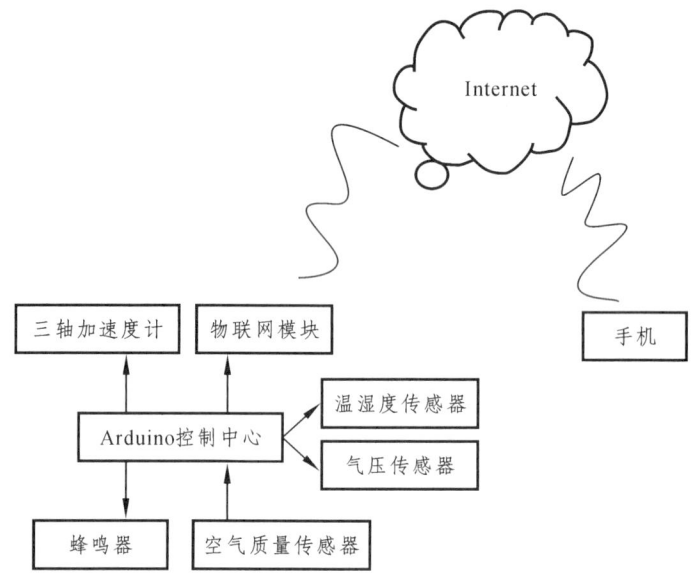

图 3-32　智能家用迷你气象站原理图

原理图实例 3

课题：基于物联网的智能窗户设计

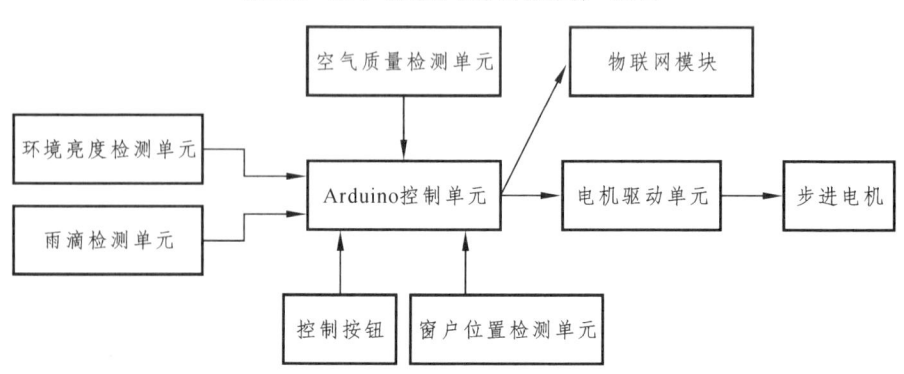

图 3-33　基于物联网的智能窗户设计原理图

原理图实例 4

课题：基于图像学习的垃圾智能分拣系统

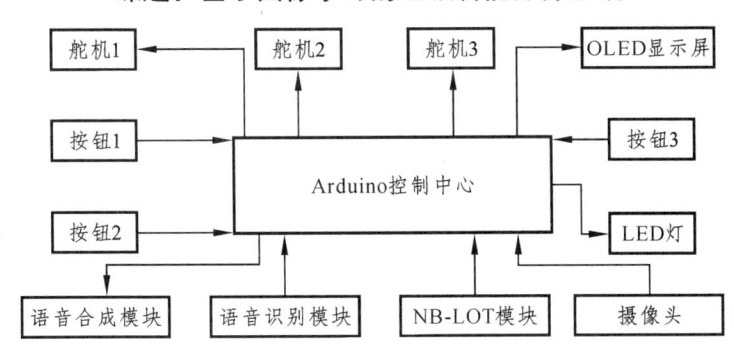

```
舵机1 ← ┐   ┌→ 舵机2   舵机3 ←┐   ┌→ OLED显示屏
        │   │                  │   │
按钮1 ──┼───┤                  │   ├── 按钮3
        │   │   Arduino控制中心 │   │
按钮2 ──┘   │                  │   └→ LED灯
            ↓   ↑      ↑      ↑
        语音合成模块 语音识别模块 NB-LOT模块 摄像头
```

图 3-34　基于图像学习的垃圾智能分拣系统原理图

（二）流程描述

流程描述就是将解决问题的步骤用一种可理解的形式表示出来。在科技小发明中常用的流程描述方法有自然语言、流程图等。

流程描述实例 1

描述"红灯变绿灯"问题的算法

假如交通信号灯红灯亮起时开始一个 15 s 的倒数计时器，提示过往的行人和车辆，倒计时结束红灯熄灭，绿灯亮起。

思考：

如何将"倒计时 15 s"的算法描述出来？

1. 用自然语言描述算法

自然语言指人们日常所用的语言。用自然语言描述算法就是使用人们能读懂的语言文字对算法的步骤进行描述，适合小学阶段的学生使用。其中，"倒计时 15 s"算法可用自然语言描述如下：

步骤 1：将计数器 t 设为 15；

步骤 2：如果 t 大于或等于 1，执行步骤 3，否则倒计时结束；
步骤 3：输出 t，并保持显示 1 s，然后清除显示；
步骤 4：将 t 的值减 1，跳转至步骤 2。

用自然语言描述算法易于理解，它既可以描述生活中的算法，也可以描述在计算机中执行的算法。但是，自然语言的描述方法存在容易产生二义性的缺点，有可能造成歧义，建议小学阶段使用。

2. 用流程图描述算法

流程图是一种常用的表示算法的图形化工具，用流程图描述的算法直观易读，解决问题的步骤清晰简洁，算法结构表达明确，很适合中学生使用。流程图中常用的符号及其功能如表 3-7 所示。

表 3-7　流程图常用符号及其功能

流程图符号	名称	功能
	开始/结束框	表示算法的开始或结束
	输入/输出框	表示输入或输出数据
	处理框	框中指出要处理的内容，此框有一个入口和一个出口
	判断框	用于表示条件判断及产生分支的情况，判断框有四个顶点，通常上面的顶点表示入口
	流程线	用于控制流程方向

绘制流程图的方法很多，可以手工绘制流程，也可以用软件制作，如使用文本编辑软件中的"流程图"对象绘制，或使用专门的流程图绘制软件，

还可以到在线绘制流程图网站进行制作。

算法有顺序结构、选择结构和循环结构三种基本控制结构，可用流程图描述，如图 3-35 所示。

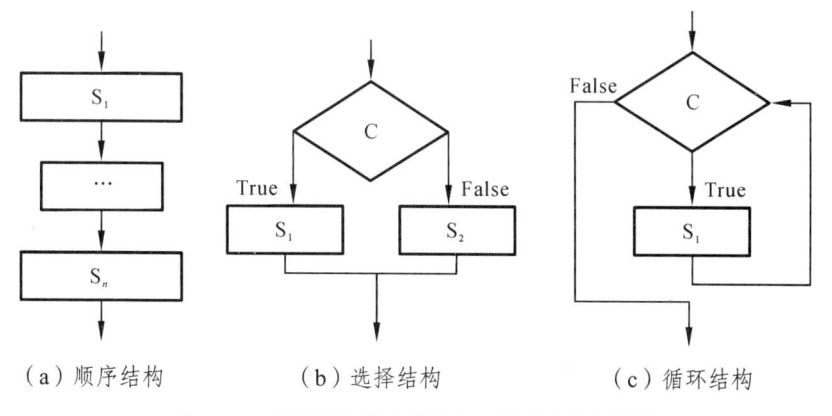

（a）顺序结构　　　（b）选择结构　　　（c）循环结构

图 3-35　用流程图描述算法的三种基本控制结构

顺序结构：每一个步骤按先后次序被执行，即执行处理 S_1，然后执行处理 S_2，如图 3-35（a）所示。

选择结构：又称分支结构，根据条件的成立与否，选择执行不同的分支处理，如图 3-35（b）所示。当条件成立时（用 True 表示），执行处理 S_1；当条件不成立时（用 False 表示），执行处理 S_2。

循环结构：当条件成立时，反复执行处理 A，一旦条件不成立就立即结束循环，如图 3-35（c）所示。

在实际问题解决中，经常会综合使用这三种结构。例如，"倒计时 15 s" 的算法可用图 3-36 所示的流程图描述。

流程图绘制方法如下：

（1）打开 WPS 办公软件。

（2）点击 "插入—流程图"，如图 3-37 所示。

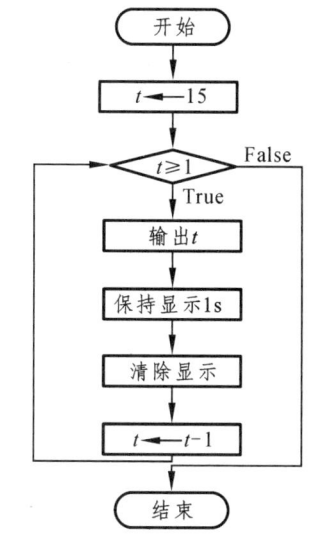

图 3-36　"倒计时 15 s" 流程图

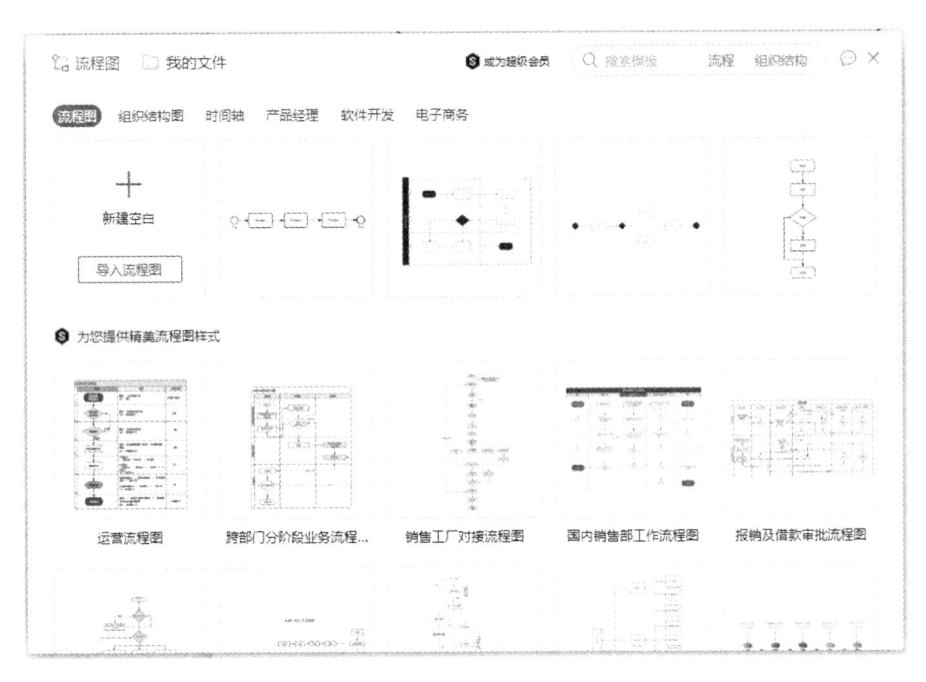

图 3-37 点击"插入—流程图"

（3）点击"新建空白"进入流程图绘制界面，如图 3-38 所示。

图 3-38 流程图绘制界面

流程描述实例 2

课题：多功能智能水杯座

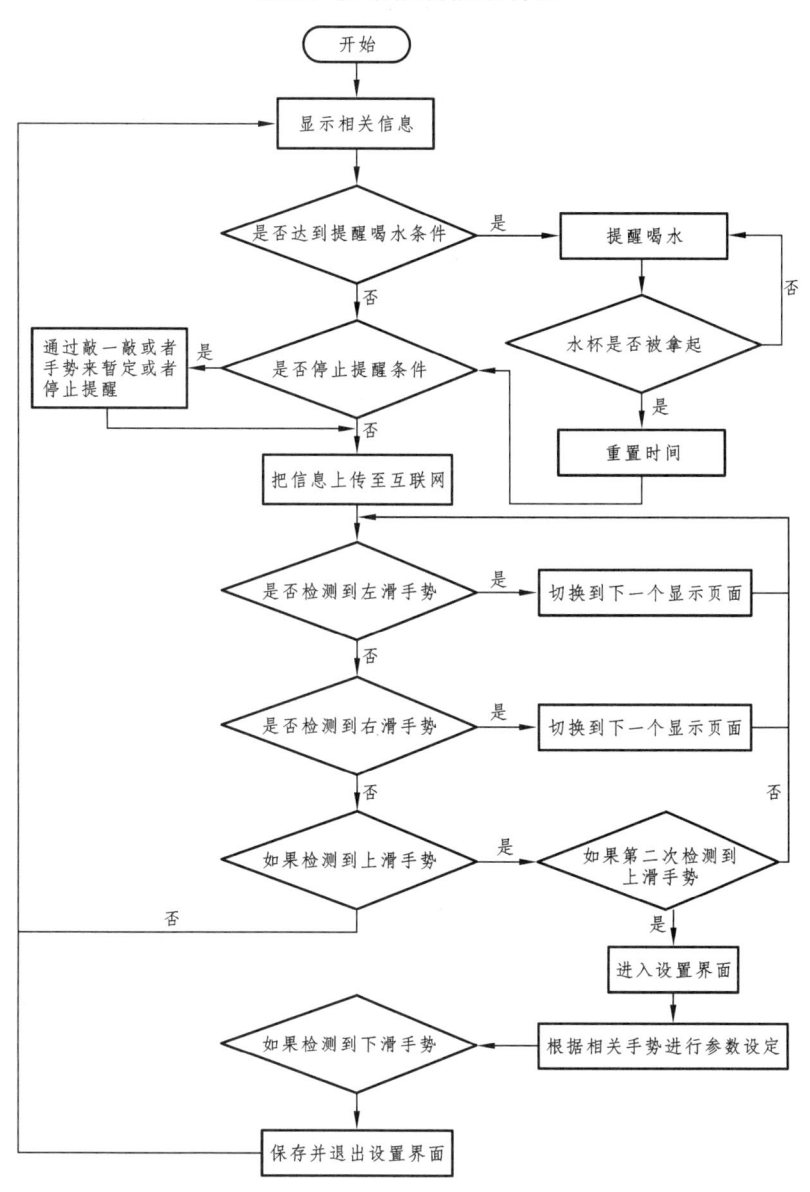

```
                    开始
                      │
                      ▼
          ┌──► 显示相关信息
          │           │
          │           ▼
          │   ◇ 是否达到提醒喝水条件 ──是──► 提醒喝水 ◄──┐
          │           │否                      │        │
          │           ▼                        ▼        │否
  通过敲一敲或者  ◇ 是否停止提醒条件 ◄──  ◇ 水杯是否被拿起
  手势来暂定或者──是    │否                    │是
  停止提醒          ▼                       重置时间
          │   把信息上传至互联网 ◄──────────────┘
          │           │
          │           ▼
          │   ◇ 是否检测到左滑手势 ──是──► 切换到下一个显示页面
          │           │否
          │           ▼
          │   ◇ 是否检测到右滑手势 ──是──► 切换到下一个显示页面
          │           │否
          │           ▼
          │   ◇ 如果检测到上滑手势 ──是──► ◇ 如果第二次检测到
          │           │否                    上滑手势
          │           │                         │是
          │           │                         ▼
          │           │                    进入设置界面
          │           │                         │
          │           ▼                         ▼
          │   ◇ 如果检测到下滑手势 ◄──  根据相关手势进行参数设定
          │           │是
          │           ▼
          └── 保存并退出设置界面
```

图 3-39 多功能智能水杯座流程

流程描述实例 3

课题：智能家用迷你气象站

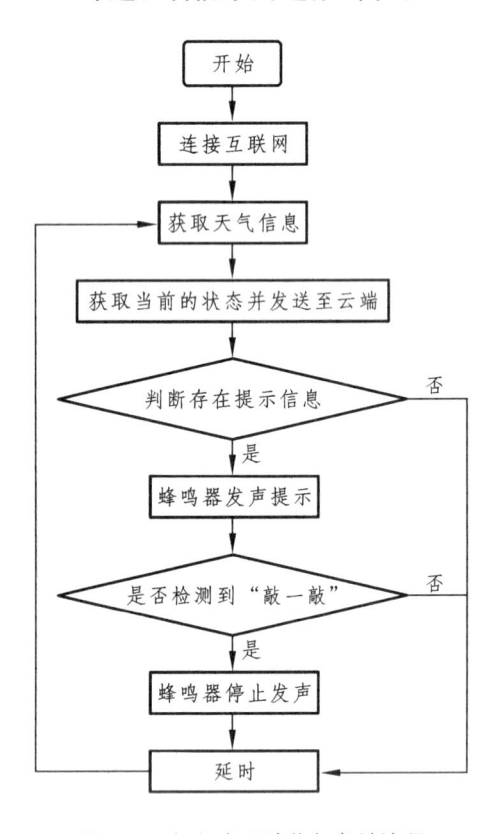

```
      开始
        │
        ▼
    连接互联网
        │
        ▼
  ┌─►获取天气信息
  │     │
  │     ▼
  │ 获取当前的状态并发送至云端
  │     │
  │     ▼
  │  ◇判断存在提示信息◇──否──┐
  │     │是                    │
  │     ▼                      │
  │  蜂鸣器发声提示             │
  │     │                      │
  │     ▼                      │
  │  ◇是否检测到"敲一敲"◇─否─┤
  │     │是                    │
  │     ▼                      │
  │  蜂鸣器停止发声             │
  │     │                      │
  │     ▼                      │
  └─── 延时 ◄──────────────────┘
```

图 3-40　智能家用迷你气象站流程

流程描述实例4

课题：基于物联网的智能窗户设计

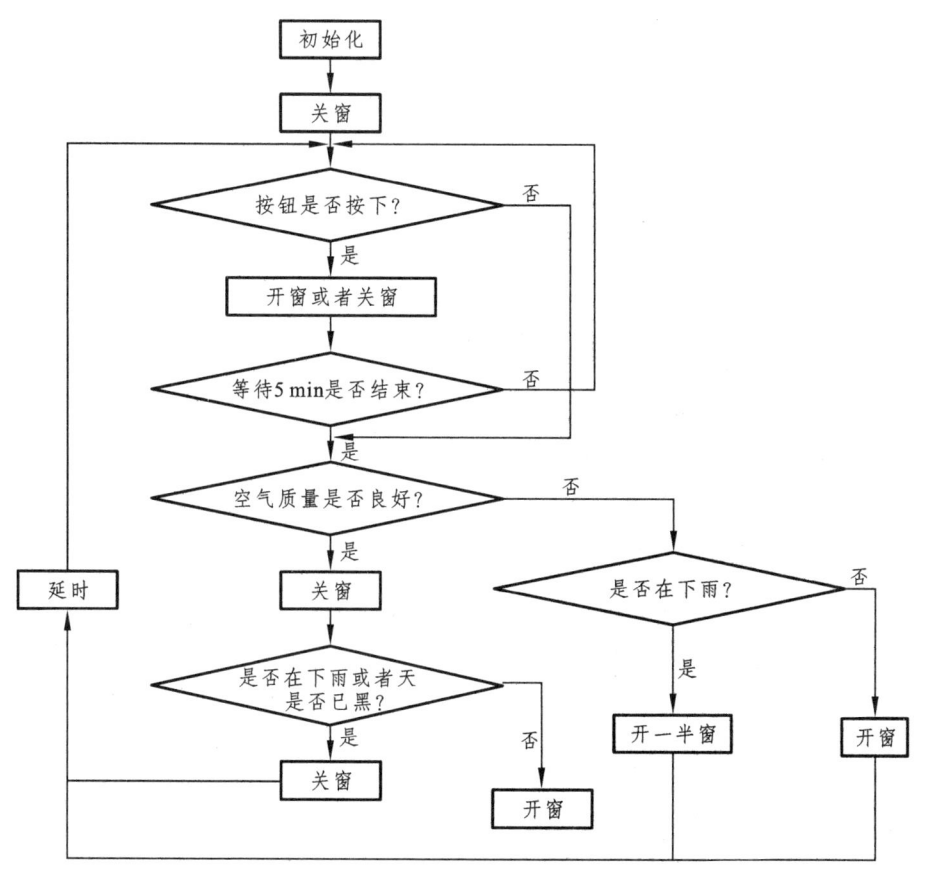

```
         ┌─────┐
         │初始化│
         └──┬──┘
            ↓
         ┌─────┐
    ┌───→│ 关窗 │←──────────────────────┐
    │    └──┬──┘                        │
    │       ↓                           │
    │    ╱按钮是否╲  否                  │
    │   ╲ 按下？ ╱──────────────────┐   │
    │       │是                     │   │
    │       ↓                       │   │
    │  ┌─────────┐                  │   │
    │  │开窗或者关窗│                │   │
    │  └────┬────┘                  │   │
    │       ↓                       │   │
    │    ╱等待5min╲  否              │   │
    │   ╲是否结束？╱─────────────────┤   │
    │       │是                     │   │
    │       ↓                       │   │
    │    ╱空气质量╲  否              │   │
    │   ╲是否良好？╱──────┐          │   │
    │       │是          │          │   │
    │       ↓            ↓          │   │
┌─────┐  ┌─────┐      ╱是否在╲  否   │   │
│ 延时 │  │ 关窗 │     ╲下雨？╱─────┐ │   │
└──┬──┘  └──┬──┘        │是       │ │   │
   │        ↓           ↓         ↓ │   │
   │    ╱是否在下雨╲    ┌──────┐ ┌────┐ │
   │   ╱或者天是否╲ 否  │开一半窗│ │开窗│ │
   │   ╲  已黑？ ╱──┐  └──────┘ └────┘ │
   │       │是     ↓                   │
   │       ↓    ┌────┐                 │
   │    ┌────┐  │开窗│                 │
   │    │关窗│  └────┘                 │
   │    └──┬─┘                         │
   └───────┘                           │
```

图3-41 基于物联网的智能窗户设计流程

流程描述实例 5

课题：基于图像学习的垃圾智能分拣系统

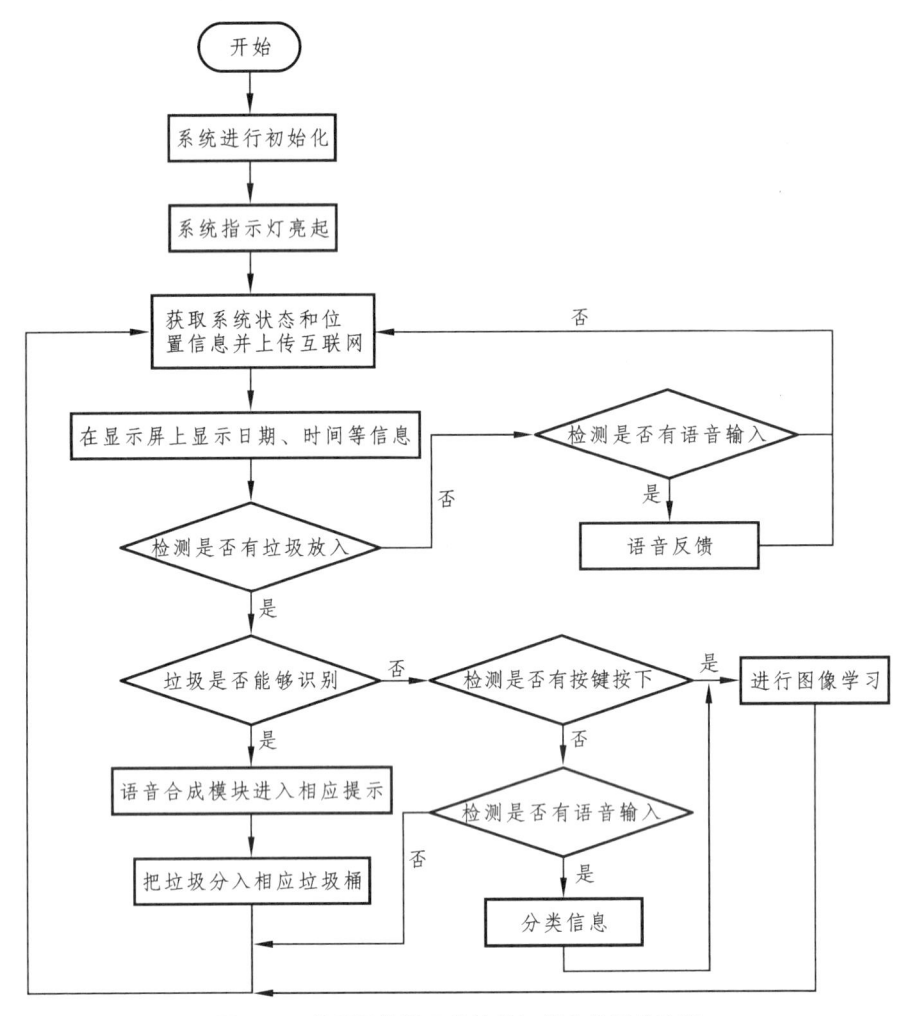

```
                    ┌──────┐
                    │ 开始 │
                    └──┬───┘
                       ▼
              ┌─────────────────┐
              │ 系统进行初始化  │
              └────────┬────────┘
                       ▼
              ┌─────────────────┐
              │ 系统指示灯亮起  │
              └────────┬────────┘
                       ▼
         ┌─────────────────────────┐ ◄──否──┐
         │ 获取系统状态和位置信息  │        │
         │ 并上传互联网            │        │
         └────────────┬────────────┘        │
                      ▼                     │
      ┌──────────────────────────────┐  ┌───┴──────────────┐
      │ 在显示屏上显示日期、时间等信息│  │检测是否有语音输入│
      └──────────────┬───────────────┘  └───┬──────────────┘
                     ▼                      │是
              ◇ 检测是否有垃圾放入 ◇──否─►  ┌──────────┐
                     │是                    │ 语音反馈 │
                     ▼                      └──────────┘
        ◇ 垃圾是否能够识别 ◇──否──► ◇ 检测是否有按键按下 ◇──是─► ┌────────────┐
                │是                         │否                    │进行图像学习│
                ▼                           ▼                      └────────────┘
     ┌────────────────────┐       ◇ 检测是否有语音输入 ◇
     │语音合成模块进入相应提示│          │是
     └──────────┬─────────┘             ▼
                ▼                   ┌──────────┐
     ┌────────────────────┐         │ 分类信息 │
     │ 把垃圾分入相应垃圾桶│         └──────────┘
     └────────────────────┘
```

图 3-42 基于图像学习的垃圾智能分拣系统流程

十、实验探究与结果展示

实验探究在青少年在参加竞赛时显得尤为重要，它展示了青少年研究课题的过程，评委老师可以通过该部分看出学生在研究时做了多少工作，这往往是比赛的加分项。该部分可以是作品前期材料的选择，作品完成方法的对比，也可以是作品完成后使用的探究等，一般包括实验目的、探究过程、结果展示等部分。

实验探究与结果展示实例 1

课题：智能输液监控系统

实验探究与结果展示：

实验探究一：方案比较

实验目的：验证方案能否较好地实现对输液瓶中是否有液体的智能监控。

表 3-8　各种测试方案验证结果对比

方案名称	实验器材	实验效果	优缺点
压力测试	压力传感器和 RCU 控制器	可以实现	要将压力传感器放入输液瓶内，影响液体的质量
重力测试	弹簧测力计、黑标传感器和 RCU 控制器	可以实现	弹簧的性能对实验效果影响较大
红外发射接收二极管	红外发射接收二极管和 RCU 控制器	不能实现	因为二极管的供电压和 RCU 控制器不符合
光电传感器	光电传感器和 RCU 控制器	可以实现	环境光对实验效果影响较大，不够准确
颜色传感器	颜色传感器和 RCU 控制器	可以实现	范围只是有颜色的液体，无色的液体不能实现
红外发射接收传感器	红外发射接收传感器和 RCU 控制器	可以实现	实验效果较为准确

通过表 3-8 中对各种实现智能输液监控系统方案的实验探究，我们得出的结论是利用红外发射和接收传感器能较好地实现我们的实验目的。

实验探究二：利用光电传感器实现输液瓶中是否有液体的智能监控

实验目的：验证光电传感器能否实现智能输液监控。

表 3-9　光电传感器测试数据

输液瓶中液体的颜色	能否实现
红色液体	能
黄色液体	能
紫色液体	能
乳白色液体	不能
黑色液体	能
蓝色液体	能
绿色液体	能
纯净水	不能

通过实验探究二我们得出结论：利用光电传感器能实现对输液瓶中部分颜色液体的智能监控，但是不能对乳白色液体和无色液体进行智能监控。

实验探究三：利用颜色传感器实现输液瓶中是否有液体的智能监控

实验目的：验证颜色传感器能否实现智能输液监控。

表 3-10　颜色传感器测试数据

输液瓶中液体的颜色	能否实现
红色液体	能
黄色液体	能
紫色液体	能
乳白色液体	能
黑色液体	不能
蓝色液体	能
绿色液体	能
纯净水	不能

通过实验探究三我们得出结论：利用颜色传感器能实现对输液瓶中部分颜色液体的智能监控，但是不能对黑色液体和无色液体进行智能监控。

实验探究四：利用红外发射和接收传感器实现输液瓶中是否有液体的智能监控。

实验目的：验证红外发射和接收传感器能否实现智能输液监控。

表3-11 红外发射和接收传感器测试数据

输液瓶中液体的颜色	能否实现
红色液体	能
黄色液体	能
紫色液体	能
乳白色液体	能
黑色液体	能
蓝色液体	能
绿色液体	能
纯净水	能

通过实验探究四我们得出结论：利用红外发射和接收传感器能实现对输液瓶中各种颜色和无色液体的智能监控。

实验探究与结果展示实例2

课题：智能环境监测机器人

实验探究与结果展示：

实验探究一：不同温度条件下人的身体反应

实验目的：找到人体最适温度的范围。

表3-12 人体最适温度测试数据

温度	人体反应	学习的效率	结果
5 ℃	感觉寒冷，反应迟钝	较低	不适宜
10 ℃	感觉较冷，动作变缓	一般	较适宜
15 ℃	精神比较充沛	高	适宜

续表

温度	人体反应	学习的效率	结果
20 ℃	感觉自然，比较放松，精力充沛	高	适宜
25 ℃	感觉较热，易打瞌睡等	一般	较适宜
30 ℃	感觉热，汗水多，心神不宁	较低	不适宜

通过实验一对不同温度条件下人的身体反应的实验研究，我们得出的结论：17~25 ℃是人体的最适温度。

实验探究二：不同湿度下人的身体反应

实验目的：找到人体最适湿度的范围。

表3-13 人体最适湿度测试数据

湿度	人体反应	学习效率	结果
30%	喝水频率高	较低	不适宜
40%	感觉自然，比较放松	高	适宜
50%	感觉自然，比较放松	高	适宜
60%	感觉自然，比较放松	高	适宜
70%	感觉闷热，烦躁	较低	不适宜

通过实验探究二对不同湿度下人的身体反应的实验探究，我们得出结论：湿度在40%~60%是人体的最适湿度值。

实验探究三：不同强度的亮度条件下对视力的影响

实验目的：找到视力的最适亮度值。

表3-14 视力的最适亮度测试数据

亮度/lux	学习效率	结果
200	差	不适宜
300	良	较适宜
400	优	适宜
500	优	适宜
600	优	适宜
700	良	较适宜
800	差	不适宜

通过实验探究三不同强度的亮度条件下对视力的影响的实验探究，我们得出结论：亮度为 400~600 时是视力的最适亮度范围。

实验探究四：不同强度的噪声对学习的影响

实验目的：找到学习的最适噪声强度值。

表 3-15　学习的最适噪声强度测试数据

声音强度/dB	学习效率	结果
0	很高	适宜
20	很高	适宜
40	很高	适宜
60	高	适宜
70	较低	较适宜
80	低	不适宜
90	很低	不适宜

通过实验探究四不同强度的噪声对学习的影响的实验探究，我们得出结论：声音强度为 60 dB 以下为学习的最适强度值。

实验探究与结果展示实例 3

课题：多功能智能水杯座

实验探究与结果展示：

实验探究一：对比用压力传感器和按钮检测水杯

表 3-16　对比用压力传感器和按钮检测水杯

名称	对比用压力传感器和按钮检测水杯						
	水杯重量/g				稳定性	体积大小	安装难易程度
	100	300	800	1 000			
压力传感器	√	√	√	√	稳定	小	很容易
按钮	×	√	√	√	较稳定	较大	容易

结论：选用压力传感器检测水杯，压力传感器灵敏程度高，体积很小而且薄，便于安装。

实验探究二：对比用按钮、手势传感器和触摸控制设备

表 3-17　对比用按钮、手势传感器和触摸控制设备

名称	稳定性	体积大小与安装难易程度	对使用环境要求
按钮	稳定	体积较大，安装较容易	较高，操作时需要接触，容易弄脏弄湿
手势传感器	稳定	体积适中，安装容易	较高，操作时不需要接触，不易弄脏弄湿
触摸	稳定	体积小，安装较容易	较高，操作时需要接触，容易弄脏弄湿

结论：使用手势传感器控制设备准确、稳定，适用范围更为广泛，环境和使用者的手对设备影响更小。

实验探究三：对比 OLED 显示屏与 LCD 显示屏的显示效果

表 3-18　对比 OLED 显示屏与 LCD 显示屏的显示效果

	显示效果	显示内容	其他
OLED	清晰度较高	可显示中文，更适合国内使用	体积较小，虽然限制了显示容量，但便于安装与整体塑形
LCD	清晰度较低	只能显示英文，可能存在语言不通的情况	体积较大，虽然显示容量大，但是显示内容受到限制，且不便于嵌入安装

结论：使用 OLED 显示屏整体效果更佳，但如果采用同等清晰度，显示屏更大的显示屏效果更佳。

十一、使用效果

该部分主要描述作品制作完成情况，以及应用于实践或者测试的效果。

使用效果实例 1

课题：智能家用迷你气象站

使用效果：

智能家用迷你气象站制作成功后，对设备进行了测试、评估、优化，再给用户（我的同学）使用并进行测试，测试结果达到了预期的目标：可以通过互联网准确获取到天气信息，也能将数据传输到云端，使用者可以通过手机查看家里空气质量、气压值和温湿度。其还利用了蜂鸣器模块在空气质量差或者天气预警时发出提示声，使用者可以通过敲一敲来停止提示声。

使用效果实例 2

课题：基于物联网的水质监测系统

使用效果：

本水质监测系统制作成功后，把它放在自来水、河流、水库等地方进行测试，测试结果达到了预期的目标，用户不仅可以通过手机远程查看，还能在现场通过显示屏查看，报警时会变换显示屏的背景色来提醒使用者：现在需要检测这些地方的水质，特别是我们的饮用水，轻度污染肉眼很难发现，如果不知晓将对人体健康造成很大的影响。此次设计遵守了体积小、质量轻、性价比高的原则。

使用效果实例 3

课题：新房健康状况远程查看助手

使用效果：

新房健康状况远程查看助手制作成功后，把它放在书桌、教室、车内、办公室等地方进行测试，测试结果达到了预期的目标，不仅可以通过手机远程查看，还能在现场通过显示屏查看，报警时会变换显示屏的背景色来提醒使用者。现在不仅上述这些地方需要检测甲醛，公共场所、民用建筑内、建筑材料、家具等的甲醛含量也需要检测。如果甲醛含量超标，将对人体健康造成很大的影响，因此具有民用价值的甲醛检测仪也受到了人们的欢迎。此次设计遵循了体积小、质量轻、性价比高的原则。

十二、总结与展望

该部分主要对整个课题研究进行总结，如做了些什么工作，有些什么收获，未来的研究打算等。

总结与展望实例1

课题：智能输液监控系统

总结与展望：

通过红外发射和接收传感器来检测输液瓶中是否有液体，科学地解决了现实生活中的输液监控问题：在输液要结束的时候发出警报，提示医护人员更换输液瓶。智能输液监控系统能实现智能控制，经试验，其控制精确、运行可靠且系统体积小、成本低、操作简便，具有推广应用价值。如果我们将中央控制系统换成单片机，这样成本会更低。如果将该系统应用到实际中，并将整个社区医院输液室的输液监控系统都连接到中央控制系统中，再将中央控制系统安装在护士中心站，护士通过发出报警的线路，就可以知道是哪一间输液室需要更换输液瓶。如果在中央控制系统中安装一个液晶屏，通过更完善的设计还可以显示每一个正在输液的输液瓶中还剩多少液体。

总结与展望实例2

课题：智能手势门禁设计

总结与展望：

本课题初步实现了立体手势门禁设计，经过测试，能正常使用，而且安全性能也能得到保证，造价便宜，使用范围广，还能有效提高已有门禁的科技感。但仍有一些不足，比如体积较大，不能有效提高美感，也不能接入物联网，这样不方便用户进行控制。

总结与展望实例 3

课题：智能环境监测机器人

总结与展望：

通过机器人内部的灰尘传感器、声音传感器、光敏电阻传感器、超声波传感器等，我们可以轻松监测环境的质量，有效地解决了现实生活中我们经常关注的环境质量的问题，并且使监测环境更加方便快捷，智能化的软件对我们监测的数据进行了科学的分析，使我们的监测结果更加可靠。同时，通过对机器人的制作，也让我们体会到了科学与生活的紧密联系。

该机器人小巧玲珑、成本低廉，而且运行十分可靠，具有推广和实际应用的价值，可以大规模的生产和使用。如果我们将机器人外部再进行装饰，其将是一个有好看外观且具有经济价值的商品。

当今的社会，环境污染成为我们担忧的话题，如果我们可以时刻得知周围环境的质量，那我们将拥有更舒适放心的生活，因此本课题设计具有重要意义。如果给这个机器人加上摄像头，然后通过无线通信模块将数据发送到计算机，然后利用机器人对周边的环境进行实时监控，这样我们便可以在室内对机器人进行操控，这样就实现了远程智能化控制，也符合当今的社会潮流。

通过机器人的制作，作为中学生的我们真正体会到了素质教育的乐趣和科学的魅力，这个过程不仅体现了我们动手制作的能力，同时体现了团队的合作，让我们明白了科学的意义：敢想，敢做！

总结与展望实例 4

课题：校园图书管家

总结与展望：

该课题初步实现了图书借阅的"智能化"，但仍还有一些不足。比如对书的记录不够准确，还存在使书籍位置错误的可能。未来可以通过在书内植入芯片，或者加入扫描书籍条码的环节的方法来进一步优化。

十三、参考文献

（一）专著

[序号]主要责任者. 题名[M]. 版本项（第1版不加标注）. 出版地：出版社，出版年：引文页码。

例如：

[1] 刘国钧，王连成. 图书馆史研究[M]. 北京：高等教育出版社，1979：15-18，31.

（二）连续出版物（期刊）

[序号]主要责任者. 题名[J]. 期刊名称， 出版年份，卷号（期号）：起止页码.

例如：

[2] 袁庆龙，候文义. Ni-P合金镀层组织形貌及显微硬度研究[J]. 太原理工大学学报，2001，32（1）：51-53.

[3] McDonnell J R, Wagen D. Evolving Recurrent Perceptions for Time-Series Modeling. IEEE Trans. on Neural Networks. 1994, 5(1): 24～38.

[4] Yao X. Evolutionary Artifitial Neural Networks. J. Of Neural Systems. 1993, (4): 203～222.

（三）论文集

[序号]主要责任者. 题名. 主编. 论文集名[C]. 出版地：出版者，出版年：页码范围.

例如：

[5] 孙品一. 高校学报编辑工作现代化特征. 中国高等学校自然科学学报研究会. 科技编辑学论文集[C]. 北京：北京师范大学出版社，1998：10-22.

（四）学位论文

[序号]主要责任者. 题名[D]. 保存地点：保存单位，年份.

例如：

[6] 张和生. 地质力学系统理论[D]. 太原：太原理工大学，1998.

（五）报纸文献

[序号]主要责任者. 题名[N]. 报纸名，出版日期（版面次序）.

例如：

[7] 谢希德. 创造学习的思路[N]. 人民日报，1998-12-25（10）.

（六）专利文献

[序号]专利申请者. 专利题名：专利国别，专利号[P]. 公告日期.

例如：

[8] 姜锡洲. 一种温热外敷药制备方案：中国，88105607.3[P]. 1986-07-26.

（七）电子文献

[序号]主要责任者. 电子文献题名[文献类型/载体类型]. 电子文献的出版或可获得地址，发表或更新日期/引用日期（任选）.

例如：

[9] 王明亮. 中国学术期刊标准化数据库系统工程的[EB/OL]. http://www.cajcd.cn/pub/wml.txt/980810-2.html, 1998-08-16/1998-10-04.

表3-19 文献类型说明

文献类型	普通图书	会议录	汇编	报纸	期刊	学位论文	报告	标准	专利	数据库	计算机程序	电子公告
标志代码	M	C	G	N	J	D	R	S	P	DB	CP	EB

表 3-20　载体类型说明

载体类型	标志代码
磁带（magnetic tape）	MT
磁盘（disk）	DK
光盘（CD-ROM）	CD
联机网络（online）	OL

注意：

（1）英文文献中第一个词和每个实词的第一个字母大写，余者小写；俄文文献中第一个词和专有名词的第一个字母大写，余者小写；日文文献中的汉字须用日文汉字，不得用中文汉字、简化汉字代替。文献中的外文字母一律用正体。

（2）作者为多人时，不同作者姓名间用逗号加一空格相隔。外文姓名按著录规则，作者姓置前，作者名的缩写置后。

（3）学术刊物文献无卷号的可略去此项，直接写"年，（期）"。

（4）参考文献序号顶格书写，加方括号不加标点，其后空一格写作者名。序号应按文献在论文中被引用顺序编排。换行时与作者名第一个字对齐。若同一文献中有多处被引用，则要写出相应引用页码，各起止页码间空一格，排列按引用顺序，不按页码顺序。

操作技巧：

（1）百度搜索"中国知网"（见图 3-43），点击打开"中国知网（官方）"链接或者直接打开网址 https://www.cnki.net 进入中国知网官网，如图 3-44 所示。

图 3-43　搜索"中国知网"

图 3-44 进入"中国知网"官网

（2）在中国知网直接检索需要的文献主题，如"人工智能"，如图 3-45 所示。

图 3-45 检索"人工智能"

（3）选择所需文献，打开链接，如图 3-46 所示。

图 3-46 打开文献

（4）点击右上角引号（见图3-47）生成引用信息（见图3-48），把引用信息复制粘贴到需要的位置就可以了，如图3-49所示。

图 3-47　点击右上角引号

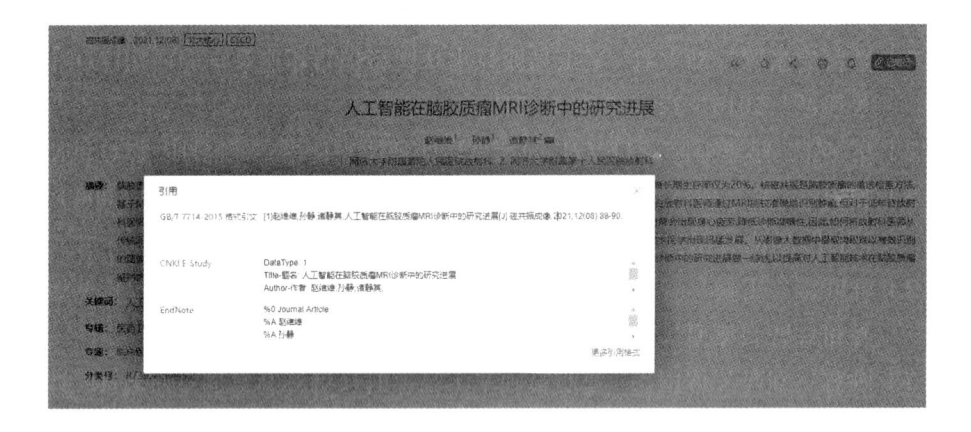

图 3-48　生成引用信息

[1]赵维维,孙静,诸静其.人工智能在脑胶质瘤MRI诊断中的研究进展[J].磁共振成像,2021,12(08):88-90.

图 3-49　复制粘贴到需要的位置

参考文献实例 1

课题：人工智能在学习中应用的初探
参考文献

[1] 查艳芳."人工智能+教育"对高职学生的个性化学习研究[J/OL].科技创新导报：1-2[2019-12-17].https：//doi.org/10.16660/j.cnki.1674-098X.2019，33：202.

[2] 陈斌，刘娇，徐国华.高职教师人工智能时代继续教育调查研究[J].计算机产品与流通，2019（12）：171.

[3] 韩红玲，王畅，马斌.人工智能时代大学生职业素养与就业能力培养探究[J].智库时代，2019（50）：98-99.

[4] 郭绍青.教育信息化缔造教育新生态[N].学习时报，2019-12-13（006）.

[5] 祝天生.后发地区 STEAM 创客教育课程体系探索与实践[J].教育与装备研究，2019，35（12）：17-21.

[6] 夏晨，张然，刘承君.人工智能技术在高校信息化服务中的应用[J/OL].电子技术与软件工程，2019（23）：247-248[2019-12-17].http://kns.cnki.net/kcms/detail/10.1108.TP.20191210.1458.280.html.

[7] 本报见习记者许悦.人工智能与未来教育的反思与挑战[N].中国科学报，2019-12-11（7）.

[8] 赵红梅，廖果平，王卫星.人工智能时代大学生数字素养的培育——以财务与会计专业为例[J].财会通讯，2019（34）：41-45.

[9] 朱静，潘健.公共图书馆在立法保障下开展 STEM 教育初探——以金陵图书馆为例[J].图书情报研究，2019，12（4）：41-46.

[10] 郭秋红.人工智能大数据平台构建及应用分析[J].计算机产品与流通，2019（12）：100.

[11] 陈长印.计算机人工智能技术研究进展和应用分析[J].计算机产品与流通，2019（12）：5.

[12] 陈斌，刘娇，徐国华.高职教师人工智能时代继续教育调查研究[J].计算机产品与流通，2019（12）：171.

[13] 韩红玲，王畅，马斌. 人工智能时代大学生职业素养与就业能力培养探究[J]. 智库时代，2019（50）：98-99.

[14] 衣绍丽，蒋依静，蒋家响. 浅谈多学科融合的创客教育在机电专业中的应用[J]. 内燃机与配件，2019（23）：272-273.

[15] 杨迪辉. 基于创客教育理念的机器人教学活动设计探究[J]. 课程教育研究，2019（50）：241.

[16] 魏志强. 创客教育在语文综合实践活动中的运用[J]. 课程教育研究，2019（50）：225.

[17] 张夏. 地方高校助推欠发达地区中小学创客教育发展的研究[J]. 中外企业家，2019（36）：180-181.

[18] 滕娇娇，闫志明，张铭锐，段元美. STEM教育与创客教育辨析[J]. 现代教育技术，2019，29（11）：101-106.

[19] 张光怀. 小学科学与创客教育有机融合教学模式研究[J]. 名师在线，2019（32）：31-32.

[20] 肖小雪. 创客教育与数学的有效整合[J]. 江西教育，2019（33）：71.

[21] 杨淑花. 信息化条件下教学方式与学习方式的变革研究[J]. 名师在线，2019（31）：71-72.

[22] 周彪. 信息技术条件下农村学生学习方式的变革研究[J]. 文学教育(上)，2019（11）：152-153.

[23] 王英玉，曲艳红. 大数据环境下中国大学生学习方式的变革[J]. 职业技术，2019，18（9）：52-55.

[24] 张兰. 信息化条件下高职学生数学学习方式变革探究——以"线性方程组模型的建立与求解"为例[J]. 当代教育实践与教学研究，2019（14）：9-10+22.

[25] 褚菊香. 大数据时代下初高中学生学习物理方式的变革[J]. 中国校外教育，2019（19）：60-61.

[26] 马玉琴. "互联网+"背景下学生学习方式的变革[J]. 甘肃教育，2019（10）：76.

[27] 户艳茹. 电子书包支持下学生学习方式类型研究[D]. 石家庄：河北师范大学，2019.

参考文献实例 2

课题：新房健康状况远程查看助手

参考文献

［1］Naruse M, Naruse H, Aoyama M. Determination of formaldehyde in textiles using a diffusive sampler[J]. 1995, Bulletin of Environmental Contamination and Toxicology（6）：154-160.

［2］杨琦，茹丽梅，李国伟，谢尚宾，姚增玉，戚建华. 柚子皮的交联改性及其吸附 Pb^{2+} 性能研究[J]. 西南林业大学学报（自然科学），2018（05）：154-160.

［3］高丁丁. 室内甲醛浓度变化规律及典型污染源中甲醛清除方法研究[D]. 广西师范大学，2018.

［4］树脂整理织物甲醛气味的测定——密封容器法 AATCC112-1982[Z]. 中国辅料行业年鉴. 2017.

［5］黄劼. 家用甲醛检测设备大都不靠谱[N]. 中国消费者报. 2017-12-13（004）.

［6］黄劼. 家用甲醛检测仪靠忽悠热销[N]. 中国消费者报. 2017-12-20(001）.

［7］何勇. 甲醛不超标应成为出租房硬标准[N]. 中国工商报. 2017-12-20（003）.

［8］徐建华. 室内空气质量新标准莫成"空气"[N]. 中国质量报. 2018-12-06（004）.

［9］江帅. 室内空气中甲醛污染控制研究[C]//旭日华厦（北京）国际科学技术研究院. 首届国际信息化建设学术研讨会论文集（一）. 2016.

[10］宋丽花，王开放，尹君. 浅谈室内装饰装修材料的甲醛污染[C]//中国建材科技. 2017年学术年会专刊. 2017.

[11］高歌，张学艳，王兴雯，张刚. 长春市室内甲醛污染及环境健康风险评估[C]//中国环境科学学会. 2017中国环境科学学会科学与技术年会论文集（第四卷）. 2017.

[12］王晗. 住宅室内环境对儿童哮喘的健康风险评估[D]. 重庆大学，2016.

参考文献实例3

课题：智能书桌的设计与实现

参考文献

[1] 赵兴琪，侯晓霞，李娇，张顺，赵慧超. 宿舍床用智能书桌的设计[J]. 电子世界，2017（07）：131，133.

[2] 罗昊，万在红. 基于STM32的智能多用书桌[J]. 数字技术与应用，2016（11）：102-103，105.

[3] 李秀娟. 基于儿童成长健康的智能书桌设计研究[D]. 齐齐哈尔大学，2016.

[4] 田梦雪. 智能书桌交互概念设计报告[J]. 电子制作，2013（20）：210.

[5] 张桐瑜，冯明佳. 寝室小家具床上书桌设计[J]. 民营科技，2018（10）：52.

[6] 余昇，黄元东，田玉荣，刘启冉，郑晨龙. 一种多功能床上书桌的创新设计研究[J]. 山东工业技术，2018（12）：207.

[7] 董鲁皖龙. 不妨让孩子们暑假适度离开书桌[N]. 中国教育报，2017-07-22（003）.

[8] 布鲁克林书桌与您的孩子共同成长[J]. 工业设计，2018（05）：158.

[9] 平衡板让站立书桌使用者有机会锻炼平衡感[J]. 工业设计，2018（03）：159.

[10] 周建波，王志坤，王超，王承涛. 多功能折叠书桌[J]. 河北农机，2017（12）：42.

[11] 江微微. 多功能绘图书桌的改良设计[D]. 贵州：贵州师范大学，2015.

[12] 李秀娟. 基于儿童成长健康的智能书桌设计研究[D]. 齐齐哈尔：齐齐哈尔大学，2016.

[13] 儿童多功能旋转书桌[J]. 工业设计，2015（02）：119.

[14] 张玉伽,刘显超,张杨昊昱. 智能学习桌的设计与实现[J]. 信息记录材料，2018，19（10）：112-113.

第四讲
研究报告案例

校园图书管家

*** (遵义第一中学 563000)

摘要：

人工智能是将人类从危险、繁重和枯燥的工作中解放出来的主要途径之一。现在校园中实行的"自觉登记"借阅书籍极大程度地依赖大家的自觉性，不便于管理与清查。用智能图书管理系统可以很好地解决这个问题，通过刷卡借阅的形式可以防止书籍的丢失。只有在刷卡成功后才能开门，开门后进行的各种操作都会被记录下来，包括借阅的书籍和对应的用户以及借阅书籍的量。通过压力板感受书的存在（可在书里植入芯片增加准确度），取走的每一本书都会与相应的用户对应记录下来，每一本书都需要放还回原来的位置才能消除借书的记录。设有 LED 灯来提示上一次所借书籍的位置，不用去记书的位置。如果归还时放错了位置，便会以闪烁 LED 灯的方式来提醒用户。显示屏实时显示书柜内的书本量，不存在找书难的情况。

关键词： 智能图书管理系统；刷卡；压力板；LED 灯

Abstract:

Artificial intelligence is one of the main ways to liberate humans from dangerous, heavy, and tedious work. The current "self-registration" book borrowing system in campuses heavily relies on everyone's self-discipline, which is not conducive to management and inventory checks. Artificial intelligence can effectively solve this problem. By using a card-swipe borrowing system, it can prevent the loss of books. The door can only be opened after a successful card swipe, and all operations after opening the door will be recorded, including the books borrowed, the corresponding users, and the quantity of books borrowed. Pressure plates are used to sense the presence of books (with the possibility of embedding chips in the books to increase accuracy), and every book taken will be recorded in correspondence with the respective user. Each book must be returned to its original position to cancel the borrowing record. There are LED lights to indicate the location of the last borrowed book, so users don't have to remember the book's location. If a book is returned to the wrong position, it will alert the user by flashing the LED lights. A display screen shows the real-time number of books in the bookcase, eliminating the difficulty of finding books.

Keywords: artificial intelligence; book borrowing system; card-swipe system; pressure plates; LED lights for book locations

一、创意来源

学校的图书借阅采用"自觉登记"的方法来管理，但是，仍然存在错记、漏记的情况，即使登了记，要一页一页地找到书籍并检查是否归还也非常麻烦。同时排队登记效率较低又浪费时间，尤其在学习压力越来越重的高中，因此会影响到学生的借阅积极性。近年来诸如"无人餐厅""无人售货机"等的无人化设备、系统逐渐走入人们的生活，给其带来了许多便利。基于上述情况，报告设计了"智能图书管家"这个作品，来帮助人们管理图书。

二、设计思路

本系统用刷卡来打开书柜门，所以只要拿走书籍就一定会留下记录，消除了"自觉登记"的不便。记录的信息不仅有借书的用户和数量，还有书籍的原位置（植入芯片后可以精确到具体的每一本书），从而保证了书籍位置的有序。同时还设有LED灯来提示借阅者上一次所借书籍的位置，显示屏实时显示书柜内的书本量，不存在找书难的情况。

三、制作过程

（1）将扩展板（见图1）接到ArduinoUNO板（见图2）上。

图1　扩展板

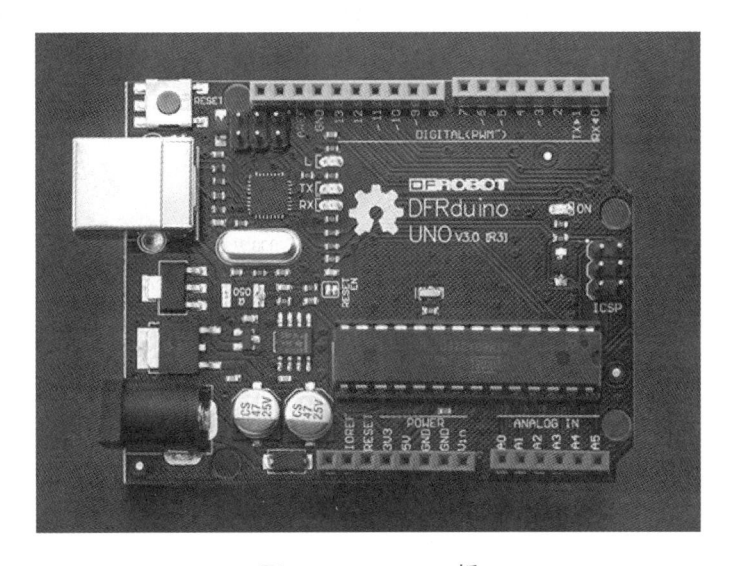

图2　ArduinoUNO板

（2）将数字大按钮模块（见图3、图4）连接到扩展板上。

图3 数字大按钮模块

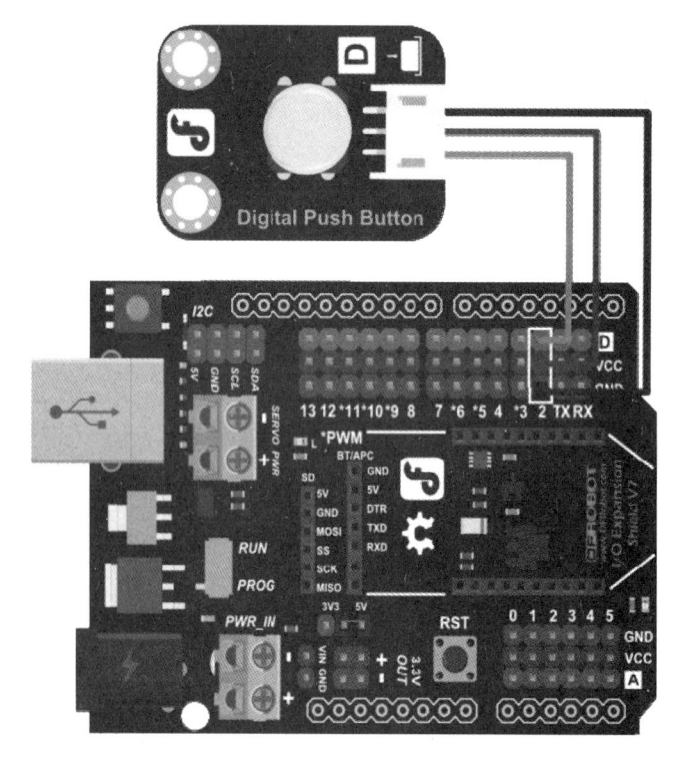

图4 数字大按钮模块连接到扩展板

（3）将 LED 灯（见图 5）连接到扩展板上。

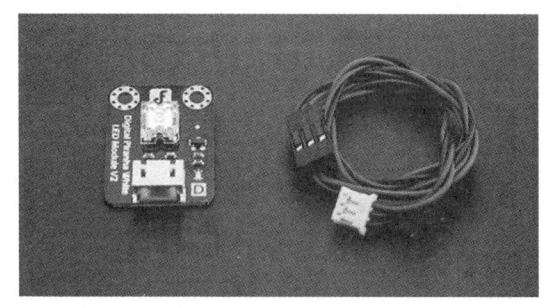

图 5　LED 灯

（4）将舵机（见图 6）连接到扩展板上。

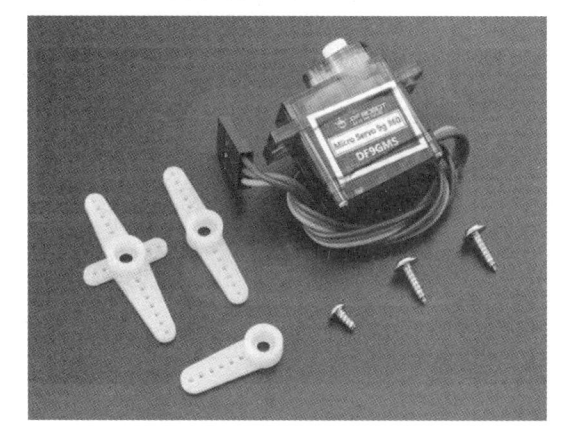

图 6　舵机

（5）将 LCD 显示屏（见图 7、图 8）连接到扩展板上。

图 7　LCD 显示屏

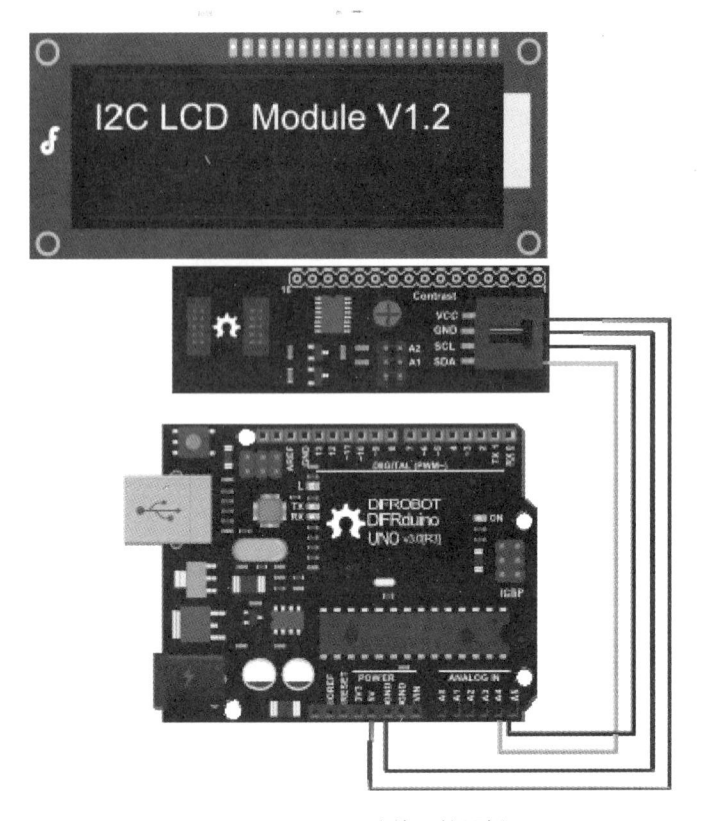

图8　LCD显示屏连接到扩展板

（6）将红外避障模块（见图9）连接到扩展板上。

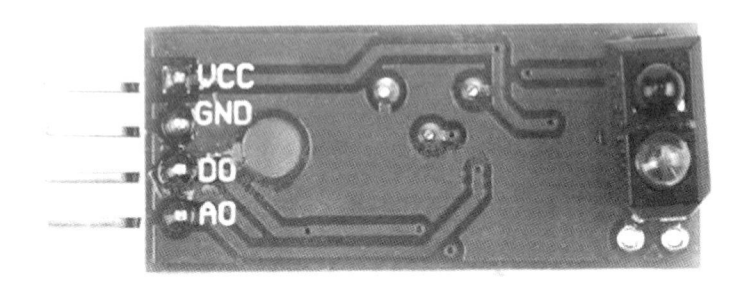

图9　红外避障模块

（7）将RC522IC识别卡模块（见图10）连接到扩展板上。

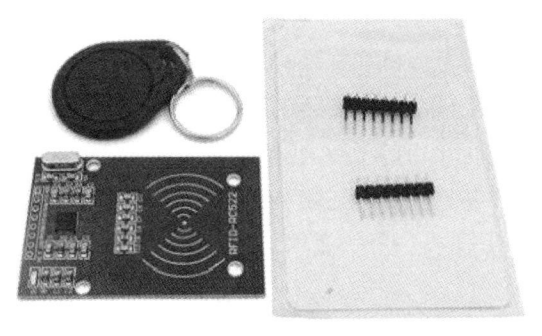

图10　RC522IC识别卡模块

（8）将蜂鸣器模块（见图11、图12）连接到扩展板上。

图11　蜂鸣器模块

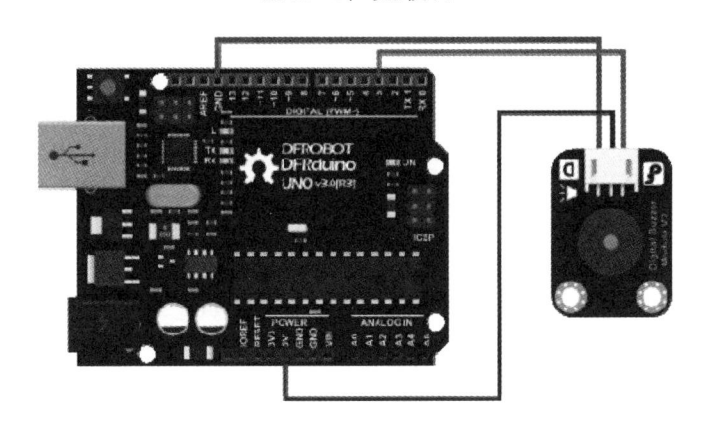

图12　蜂鸣器连接扩展板

（9）将数字大按钮安装到模型底部，再在其上方装上木板并用有机板隔开。

（10）将LED灯对应地固定在每一块木板前。

（11）在门上安装上舵机和红外对射模块。

（12）将LCD显示屏嵌入书柜内的柜壁上，并在书柜外对应位置贴上标识。

（13）将RC522IC识别卡嵌入书柜内壁上。

（14）焊接DC电源接口（见图13），并将接口嵌入书柜下部。

图13　DC电源接口

四、实验探究与结果展示

实验探究一：对比红外避障与红外对射传感器检测关门，如表1所示。

表1　对比红外避障与红外对射传感器检测关门

名称	检测距离	稳定性	体积大小及安装难易程度
红外避障	8 cm	不稳定，有抖动	体积较大，不便于安放
红外对射	3 cm	稳定	体积小，便于安放

结论：选用红外对射传感器检测关门操作，其性能更好且便于组装。相比于红外避障传感器，红外对射传感器不容易被意外触发。

其他：选用了红外对射传感器后，考虑到从书柜中取书时手和书都会经过书柜门的中下部，所以将传感器安装在书柜门顶部，防止意外触发。

实验探究二：探究如何检测书的拿取，如表2所示。

表 2　探究如何检测书的拿取

名称	稳定性	体积大小及安装难易程度	其他
红外避障	有效检测距离过长，无法实现检测	传感器较长，不易安装	受到书柜内部环境限制
压力传感器	因为输入的数据有抖动，所以不稳定	传感器较宽，不易横向排列安装	影响内部布局
按钮开关	调试后稳定，无抖动	宽度与书宽相适合，形状扁平，不会占用过多空间，便于安装	较为合适

结论：使用按钮开关检测书本拿取较为准确、稳定。

其他：用按钮开关与木板结合，制成压力板，既便于安装和内部布局，增强了检测的准确性。

实验探究三：对比 OLED 显示屏与 LCD 显示屏的显示效果，如表 3 所示。

表 3　对比 OLED 显示屏与 LCD 显示屏的显示效果

名称	显示效果	显示内容	其他
OLED	清晰度较高	可显示中文，更适合	体积较小，虽然限制了显示容量，但便于安装与整体塑型
LCD	清晰度较低	只能显示英文，存在不方便的情况	体积较大，虽然显示容量大，但是显示内容受到限制，且不便于嵌入安装

结论：使用 OLED 显示屏整体效果更佳，但如果采用同等清晰度，显示屏更大的显示屏效果更佳。

五、作品描述

整个书柜由发泡板拼接制成，内有两个隔开的空间，一边用来存放书籍，一边用来放 UNO 板，保证了整体的美观。每一个放书的位置下都是一个压力板，可以精确地感受书的拿取，且每一本书的前面都有一个 LED 灯用来提示还书的用户该书的原位置。刷卡感受器读取所用磁卡的用户账号以及对应信息，从而判断卡的合法性、借书记录、书柜内是否有书可借，再综合判断是否打开书柜门。用刷卡来打开书柜门，所以只要拿走书籍就一定会留下记录，消除了"自觉登记"的各种不便。记录的信息不仅有借书的用户和数量，还有书籍的原位置（植入芯片后可以精确到具体的每一本书），从而保证了书籍位置的有序。只有在刷卡成功后才能开门，开门后进行的各种操作都会被记录下来。通过压力板感受书的存在（可在书里植入芯片增加准确度），取走的每一本书都会与相应的用户对应并被记录下来，每一本书都需要放还回原来的位置才能消除借书的记录。

六、创新点

用智能化的书柜取代了人工清理检查借阅书籍的工作，避免了烦琐的登记、检查以及漏记、错记。

七、总结与展望

本报告初步实现了图书借阅的智能化，但还有一些漏洞。比如对书的记录不够准确，还是存在书籍位置记录错误的可能。未来可以通过在书内植入芯片，或者加入扫描书籍条码环节的方法来优化，解决该问题。

八、原理图

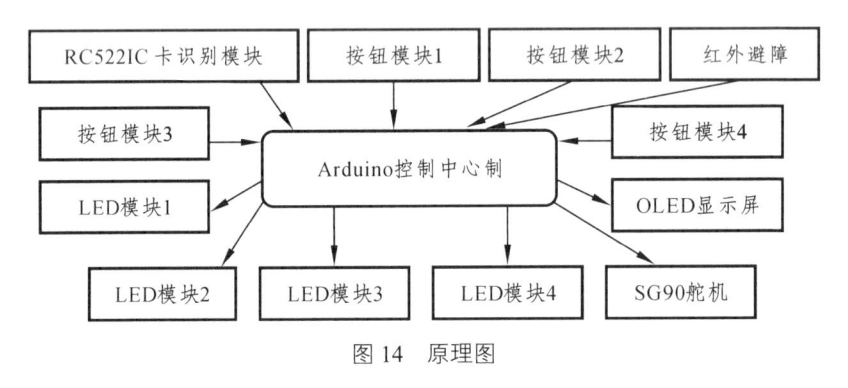

图 14　原理图

九、流程图

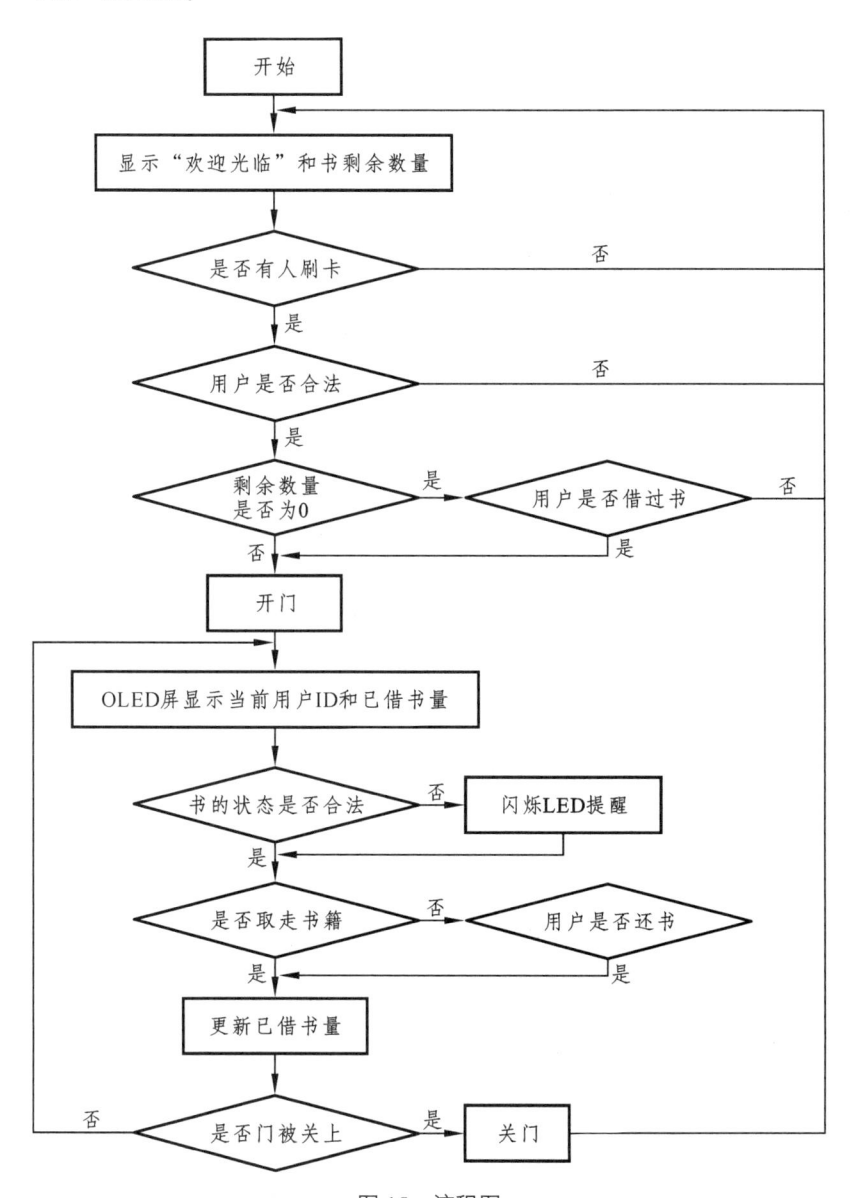

```
                    ┌──────────┐
                    │   开始   │
                    └────┬─────┘
                         ↓
         ┌───────────────────────────────┐
         │ 显示"欢迎光临"和书剩余数量  │
         └───────────────┬───────────────┘
                         ↓
                   ╱─────────────╲         否
                  ╱ 是否有人刷卡  ╲────────────────→
                  ╲               ╱
                   ╲─────────────╱
                         ↓ 是
                   ╱─────────────╲         否
                  ╱  用户是否合法 ╲────────────────→
                  ╲               ╱
                   ╲─────────────╱
                         ↓ 是
                   ╱─────────────╲   是    ╱─────────────╲   否
                  ╱  剩余数量     ╲──────→╱ 用户是否借过书╲────→
                  ╲  是否为0      ╱       ╲               ╱
                   ╲─────────────╱         ╲─────────────╱
                         ↓ 否                     ↓ 是
                    ┌──────────┐
                    │   开门   │
                    └────┬─────┘
                         ↓
         ┌───────────────────────────────┐
         │ OLED屏显示当前用户ID和已借书量│
         └───────────────┬───────────────┘
                         ↓
                   ╱─────────────╲   否    ┌──────────────┐
                  ╱ 书的状态是否合法╲─────→│ 闪烁LED提醒 │
                  ╲               ╱       └──────────────┘
                   ╲─────────────╱
                         ↓ 是
                   ╱─────────────╲   否    ╱─────────────╲
                  ╱ 是否取走书籍  ╲──────→╱ 用户是否还书 ╲
                  ╲               ╱       ╲               ╱
                   ╲─────────────╱         ╲─────────────╱
                         ↓ 是                     ↓ 是
                    ┌──────────────┐
                    │ 更新已借书量 │
                    └──────┬───────┘
                           ↓
                   ╱─────────────╲   是    ┌──────────┐
              否  ╱ 是否门被关上  ╲──────→│   关门   │
            ←────╲               ╱        └──────────┘
                   ╲─────────────╱
```

图 15 流程图

十、实物图

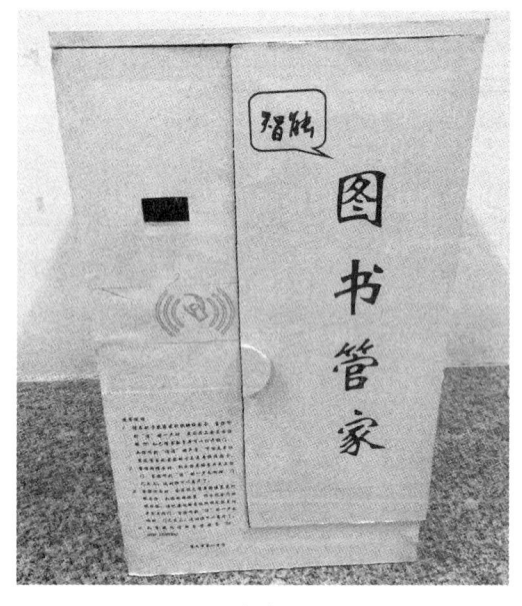

（a）

（b）

图 16　实物图

十一、材料清单

表4 材料清单

名称	数量	备注
UNO板	1	
扩展版	1	
OLED显示屏	1	
舵机	1	
红外对射	1	
LED灯	4	
蜂鸣器	1	
RC522IC识别卡	1	
数字大按钮	4	
杜邦线	若干	
DC电源接口	1	
其他废旧材料	若干	

参考文献

[1] 宫伟佳,吴俊华,莫雨凡,等. 大学生寝室书柜创新设计研究[J]. 家具与室内装饰. 2018, 232(06): 22-23.

[2] 朱婧,陈于书. 基于人工林木材的书柜实木搁板结构分析[J]. 家具, 2017, 38(02): 46-49.

[3] 刘俊楠. 基于服务设计理念的校园书籍分享服务系统设计[D]. 沈阳:沈阳航空航天大学, 2017.

[4] 李仁勇. 一种多功能书柜: CN204032749U[P]. 2014-12-24.

[5] 张爱华,张志强,方辉,等. 图书馆书架自动寻书系统: CN104323598A[P]. 2015-02-04.

[6] 管胜波,宋茜. 基于校园一卡通的图书管理系统的设计与实现[J]. 福建电脑, 2017, 33(06): 9-11.

[7] 管胜波,张敬泉. 基于C/S和B/S模式的图书管理系统的设计与实现[J].

现代计算机（专业版），2008，281（04）：114-116.

[8] 杨传崎. 校园图书馆自助借还系统的设计与实现[D]. 长春：东北师范大学，2016.

[9] 柴稳. 基于校园"一卡通"与图书管理系统集成分析[J]. 赤子（上中旬），2014（24）：140.

[10] 宋岳英. 高校校园一卡通与图书管理系统对接问题探讨[J]. 知识经济，2013，271（02）：179.

[11] 何冬梅. 校园自助图书馆系统设计与实现[D]. 秦皇岛：燕山大学，2012.

[12] 李路，何昆. 校园"一卡通"在图书管理系统的应用[J]. 科技视界，2011（04）：147-148.

[13] 陆瑶. 基于校园一卡通的图书管理系统的设计与实现[D]. 成都：电子科技大学，2012.

[14] 杨学利. 基于射频识别（RFID）技术的校园一卡通系统的设计与实现[D]. 吉林：吉林大学，2015.

[15] 袁源. 物联网在智能图书管理中的应用[J]. 硅谷，2011，82（10）：151.

智能输液监控系统

***(遵义第一中学 563000)

摘要:

在医疗机构进行点滴注射时,其大都采用传统的人工监护手动控制的方法,由于医护人员少、病人多,容易因输液监控处理不及时而引发医疗事故。本文通过设计一个智能输液监控系统,能在病人输液的过程中自动监控病人的输液情况,在输液即将结束的时候发出报警,以引起家属、病人和医护人员注意,并提醒医护人员及时更换输液瓶。

关键词: 智能输液监测系统;自动监控;输液情况;报警;医护人员

Abstract:

In medical institutions, traditional manual monitoring and control methods are commonly used for intravenous drips. Due to the shortage of medical staff and the large number of patients, there is a risk of medical accidents caused by untimely monitoring and handling of the infusion process. This article designs an intelligent infusion monitoring system that can automatically monitor the infusion status of patients during the infusion process and issue an alarm when the infusion is about to end, drawing the attention of family members, patients, and medical staff, and reminding medical personnel to change the infusion bottle in time.

Keywords: intelligent infusion monitoring system; automatic monitoring; infusion status; alarm notification; medical staff

一、创意来源

目前,在医疗机构进行点滴注射时,其大都采用传统的人工监护手动控制的方法,由于医护人员少、病人多,容易因监控处理不及时而引发医疗事故。

在这个世界上,几乎每时每刻都有人因为生病而住院。在医院里住院治疗的人,大多都是通过输液的方式来进行治疗,而输液却需要花费大量的时间。在这个过程中,患者或家属往往需要一直守着输液瓶,因为不知道什么时候输液瓶中的液体会输完,在即将输完的时候还要通知护士来换药,影响休息。如果家属和病人在即将输完液的时候没有注意,而没有及时通知护士来更换液体,轻则导致血液从血管中倒流,如果不慎使输液瓶中的空气进入血循环并溶解于血液内,将使患者出现呼吸困难、发绀,甚至猝死。

我们小组通过各种信息渠道得知,每年都会有一定数量的人因此而死亡。但是时至今日,也没有一个合理的方法来有效地避免这样的事情发生。

由此可见,对类似于输液这样的治疗过程采用自动化监控和管理势在必行。智能输液监控系统的研究开发为解决这些问题提供了较为有效的解决方案。系统应用智能监控技术采用红外发射接收传感器实现了对输液注射速度的监控,在紧急情况下,可以向总控制台发出报警。监护人员也可以通过远程通信监控病人输液的整个过程,在紧急情况下还能接收到紧急报警。

智能输液监控系统实时监测输液的过程,代替患者、家属和医护人员的监控,大大缓解了患者和家属的紧张度,同时医院也不用再担心医护人员人手不够的问题,具有一定的社会效益和经济效益。

二、设计思路

为此我们小组设计一个智能输液监控器,在病人输液的过程中自动化监控病人的输液情况,在输液即将要结束的时候发出报警声音,以引起家属、病人和医护人员注意,并提醒医护人员及时更换输液瓶。我们采用了通过红外线探测来实现这样的目的,红外线传感器分为红外发射传感器和红外接收传感器,红外发射传感器可以发射红外线,红外接收传感器可以接收红外线。

系统原理如下:输液瓶中的药液作为一种介质,与空气具有不同的折射率。在药瓶一端发射红外线时,当经过药液后,其会发生一定的偏折,导致红外线发射器正对面的接收器无法接收到所发射出的光束,但随着时间的推移,药瓶中的药液在不断地减少,到一定的时候就会无法再干扰红外线的发射,那么在另一面的接收器就能正常接收到发射出的红外线,接收器接收之后,所连接的警报器就会自动响起,这时就说明药瓶中的药量已经偏少,需要更换药液了。这样的装置可以通过调整发射器和接收器在药瓶上的位置,来控制警报器的响起时机。

三、研究过程

实地调研：为了更好地体现我们作品的独特性，我们小组全部成员一起去红花岗区社区医院进行输液监控的实地调查，设计的问题有：这些社区医院在输液时有没有监控系统？有哪些监控系统？如果没有的话，在平时输液的过程中是通过家属和病人自行监控吗？在输液的过程中有没有发生家属和医护人员在输液结束时忘记了更换输液瓶而发生的意外危险情况？通过实地调研，我们小组发现我们遵义市红花岗区的社区医院基本上都没有安装输液监控装置，在输液的过程中都是靠家属、病人和医护人员监控，容易造成很多意外的危险，如血液倒回、空气进入体内等。

查新：我们小组利用网络资源在"百度""中国学术期刊网"和"中国知网"中以"智能""输液监控"和"机器人"作为关键字查阅资料。在"百度"中没有查阅到有关于智能输液监控机器人的资料，只是有一些关于智能输液监控系统的设计方案，他们采用的是光敏电阻、红外传感器来设计的。在"中国学术期刊网"和"中国知网"中以"智能""输液监控""机器人"作为关键字搜索，没有发现有相关的研究，所以我们小组研究的智能输液监控机器人具有较强的创新性。

方案比较：在开始的研究过程中，我们设计了多种方案，最后选择的是利用窗外发射接收传感器这一方案来监控输液过程。方案一是利用红外发射接收二极管来检测输液瓶中是否还有液体，所以在网上查阅了关于红外发射接收二极管的资料，研究其电路图结构，再请教我们学校的物理老师，同时在网上购买了 20 个红外发射接收二极管进行验证，但在实践过程发现红外发射接收二极管的供电电压和我们控制器提供的电压不相符合，只要开机测试二极管其就被烧坏了，所以就放弃了方案一。方案二采用中鸣教育机器人套装中的光电传感器来设计，我们小组通过实际探究发现如果输液瓶中装的是有色液体，利用光电传感器就可以实现检查，但对无色的液体却无法识别，所以第二种方案也有很大的缺陷。方案三是利用红外发射接收传感器来进行设计。我们在放弃了前面两种方案以后，又在网络查阅了很多资料，在一次偶然的机会，我们发现红外发射接收传感器可以实现检查输液瓶中是否有液体的功能，不管其中的液体是否有颜色，都可以检查，而且它的供电电压与控制器提供的电压也相符合，接着我们就在网上购买了一对红外发射接收传感器来进行测试，通过对有色液体和无色液体的测试，证实红外发射接收传感器可以完成检查输液瓶中是否有液体的功能，所以就确定选择了第三种方案。

四、实验探究与结果展示

实验探究一：方案比较

实验目的：验证方案能否较好地实现对输液瓶中是否有液体的智能监控。

表1 各种测试方案对比验证结果

方案名称	实验器材	实验效果	优缺点
压力测试	压力传感器和RCU控制器	可以实现	要将压力传感器放入输液瓶内，影响液体的质量
重力测试	弹簧测力计、黑标传感器和RCU控制器	可以实现	弹簧的性能对实验效果影响较大
红外发射接收二极管	红外发射接收二极管和RCU控制器	不能实现	因为二极管的供电压和RCU控制器不符合
光电传感器	光电传感器和RCU控制器	可以实现	环境光对实验效果影响较大，不够准确
颜色传感器	颜色传感器和RCU控制器	可以实现	范围只是有颜色的液体，无色的液体不能实现
红外发射接收传感器	红外发射接收传感器和RCU控制器	可以实现	实验效果较为准确

通过表1对各种实现智能输液监控系统方案的实验探究，我们得出的结论是利用红外发射和接收传感器能较好地实现我们的实验目的。

实验探究二：利用光电传感器实现输液瓶中是否有液体的智能监控。

实验目的：验证光电传感器能否实现智能输液监控。

表 2　光电传感器测试数据

输液瓶中液体的颜色	能否实现
红色液体	能
黄色液体	能
紫色液体	能
乳白色液体	不能
黑色液体	能
蓝色液体	能
绿色液体	能
纯净水	不能

通过实验探究二我们得出结论：利用光电传感器能实现对输液瓶中部分颜色液体的智能监控，但是不能对乳白色液体和无色液体进行智能监控。

实验探究三：利用颜色传感器实现输液瓶中是否有液体的智能监控。

实验目的：验证颜色传感器能否实现智能输液监控。

表 3　颜色传感器测试数据

输液瓶中液体的颜色	能否实现
红色液体	能
黄色液体	能
紫色液体	能
乳白色液体	能
黑色液体	不能
蓝色液体	能
绿色液体	能
纯净水	不能

通过实验探究三我们得出结论：利用颜色传感器能实现对输液瓶中部分

颜色液体的智能监控，但是不能对黑色液体和无色液体进行智能监控。

实验探究四：利用红外发射和接收传感器实现输液瓶中是否有液体的智能监控。

实验目的：验证红外发射和接收传感器能否实现智能输液监控。

表4　红外发射和接收传感器测试数据

输液瓶中液体的颜色	能否实现
红色液体	能
黄色液体	能
紫色液体	能
乳白色液体	能
黑色液体	能
蓝色液体	能
绿色液体	能
纯净水	能

通过实验探究四我们得出结论：利用红外发射和接收传感器能实现对输液瓶中各种颜色和无色液体的智能监控。

五、作品描述

我们所设计的智能输液监控系统具有结构简单，成本较低，并且生产、安装简便的特点。这一套系统是由一个红外线发射器，一个红外线接收器，一个E2-RCU处理器，以及一些积木组成。由于这些物件所需要的价格较低，组装便捷，操作简单，所以这套设施能够大规模地生产和投入使用。

这套设施中的E2-RCU处理器是用于储存所需的数据，并在使用时进行有效正确地辨识、计算和处理的系统，就像人的大脑一样。所使用的红外线发射器和红外线接收器就像蝙蝠的嘴和耳朵，用于发射和接收，而积木就像是人体的骨骼，用于支撑。

这套系统的功能和它的名字相同，用于输液时的监控，由于一些病人和其家属在输液时无法时时刻刻地观察自己的输液瓶中还剩余多少药液，有时会发生血液倒流甚至输入空气的情况，所以我们设计的这套系统将能有效地避免这样的事情发生。

在使用这套设备时，将输液瓶的两端分别放上红外发射和接收器，由于红外线在经过输液瓶中的药液时，会发生偏折，所以在另一端的接收器将无法正常接收红外线，说明药液剩余量足够，而当输液瓶中的药液较少时，就无法再影响红外线的发射，位于另一端的接收器将能正确接收到红外线，同时，其将会触发系统，使之发出警报声提醒医护人员，这就可以有效避免输液时的意外发生。

六、创新点

创新性：我们改变了原本输液时需要病人或病人家属时刻监督输液进度的方式，采取了用红外线对输液液面进行监控，如果液面下降到我们红外警戒线以下则会报警，医护人员就会来病房进行换药，从而达到保护病人的目的。

科学性：我们这次采用的控制系统为 E2-RCU 控制系统，采用了 32 位高性能 ARM 处理器，主频为 72 MHz；配备 2.4" LCD 彩色触摸屏，分辨率为 320×240 像素、65 万色，操作更方便；内置音量检测和发声模块，实现简单的人机对话；采用 12 路六芯 RJ11 接口设计，其中 8 路数字/模拟复用端口、4 路自带驱动的伺服电机端口，具有自我保护功能，任意接插而不损坏；支持 U 盘程序下载模式；提供外接电源和内置 6 节 5 号电池的两种供电方式。本系统能够快速准确地发出报警信息，让医护人员能够根据报警信息进行相应的后续处理，避免病人发生其他危险情况。

实用性：（1）智能化，能够实现无人监管智能报警，提醒医护人员更换输液瓶，供给医护人员一定的缓冲时间；（2）精确化，严格精准地监控输液液面，防止液面过低导致空气进入血管，从而形成空气栓塞，让病人呼吸困难出现危险；（3）通用化，我们的报警系统是可扩展编程接口的控制器，内置发声模块，也可扩展外置扩音设备，声音洪亮，可以运用在任何需要报警装置的地方。

七、原理图

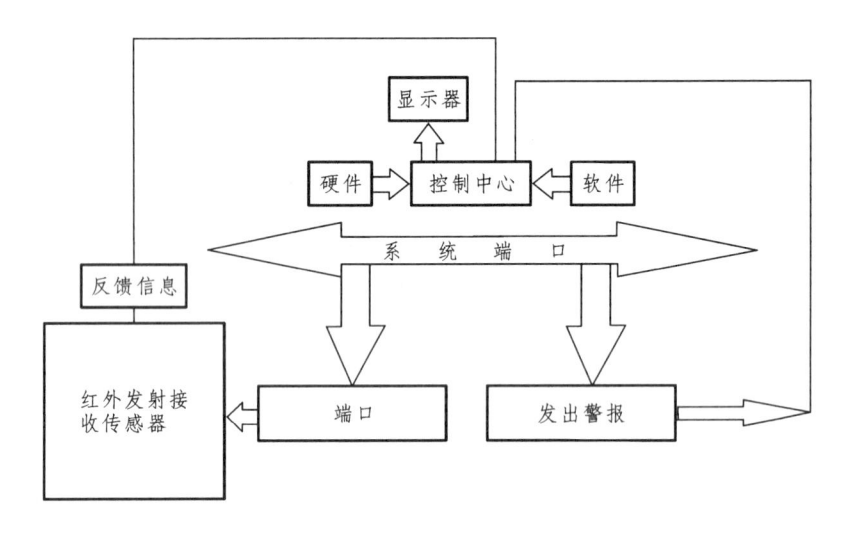

图1　智能输液监控系统原理图

八、流程图

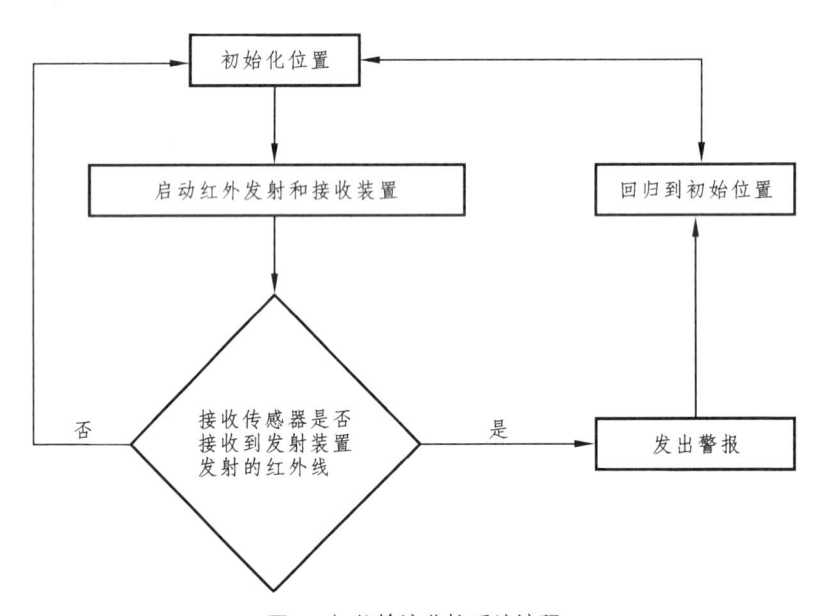

图2　智能输液监控系统流程

九、实物图

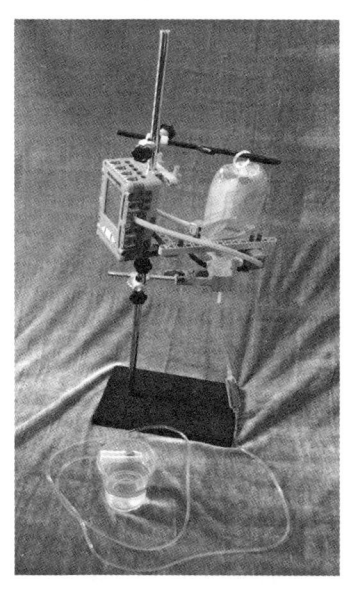

图 3 智能输液监控系统前期实物图 1

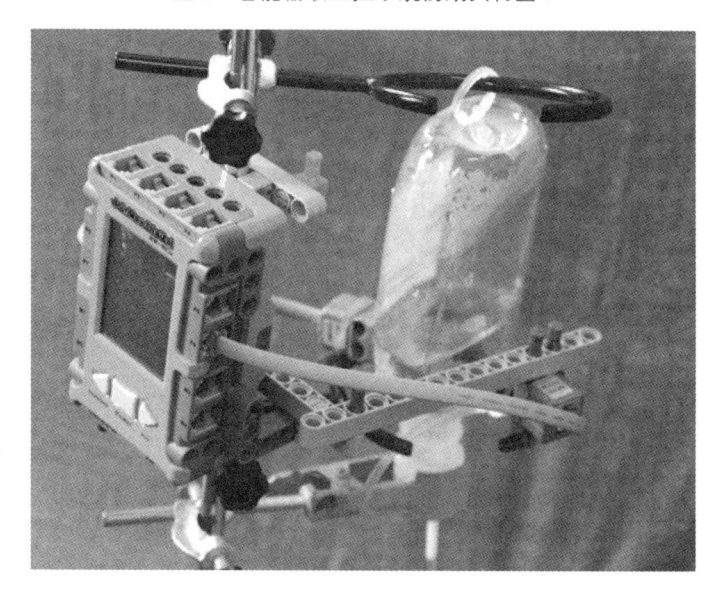

图 4 智能输液监控系统前期实物图 2

图 5　智能输液监控系统后期实物图 1

十、材料清单

表 5　智能监控系统模型制作材料需求清单

序号	名称	数量	价格	生产厂家	用途
1	控制器	1		中鸣机器人公司	中央控制器
2	红外发射接收传感器	2		中鸣机器人公司	测试输液袋中是否还有液体
3	数据连接线	1		中鸣机器人公司	下载程序
4	输液袋	7		学生自己回收的废旧材料	模拟输液场景
5	各种颜色的彩色墨粉	1		学生网上购买	探究各种颜色的液体（包含透明颜色液体）输液时的监控情况

续表

序号	名称	数量	价格	生产厂家	用途
6	房间模型	1		学生自己制作	固定输液装置
7	输液管	1		学生自己回收的废旧材料	模拟输液场景
8	锂电池	5		学生自己购买	为控制器提供电源
9	扎线	1		学生自己购买	固定装置
10	其他（打火机、电筒等光源控制器）	1		学生自己回收的废旧材料	探究光源对其智能输液监控装置是否有影响
11	积木			学生自己收集	固定装置

十一、程序代码

本系统使用的是机器人快车软件来编程，将编好的程序下载到输液监控系统中。

程序代码如下所示：

```
#include"HardwareInfo.c"
#include"JMLib.c"
#include"SetIR.c"
#include"GetIRDete.c"
#include<SetLCDBack.h>
#include<SetInBeep.h>
#include<SetDisplayString.h>

intmain(void)
{
    E2RCU_Init();
    inta=0;
```

```
while(1)
{
    SetIR(_P8_, 1);
    a=GetIRDete(_P7_);
    SetLCDBack(ON);
    if(a==1)
    {
        SetInBeep(ON);
        SetDisplayString (1,"Pleasechecktheliquid",YELLOW, BLACK);
    }
    else
    {
        SetInBeep(OFF);
        SetDisplayString (1, "Don'tworrytheliquid", YELLOW, BLACK);
    }
}
while(1);
}
```

快车软件编程截图如图 6 所示。

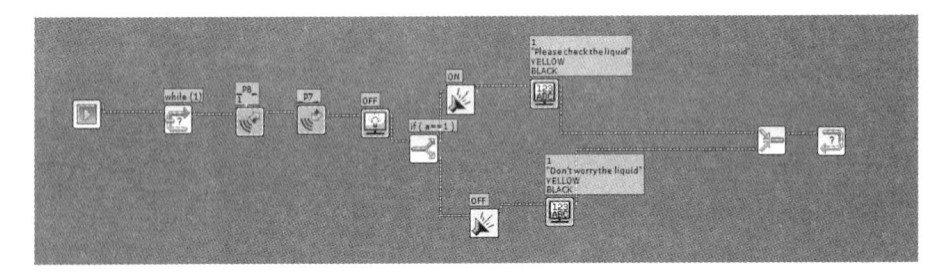

图 6　主要图形化程序设计截图

十二、总结与展望

通过红外发射和接收传感器来检测输液瓶中是否有液体，科学地解决了现实生活中的输液监控问题,在输液要结束的时候发出警报,提示医护人员更换输液瓶。本智能输液监控系统实现智能控制,经试验其控制精确,运行可靠且系统体积小、成本低、操作简便,具有推广应用价值。如果我们将中央控制系统换成利用单片机来实现控制实现,这样成本会更低。如果将这个系统应用到实际中,将整个社区医院输液室的输液位置都连接到中央控制系统中,并将中央控制系统安装在护士中心站,通过护士中心站发出报警的线路,就可以知道是哪一间输液室需要更换输液瓶,如果在中央控制系统中安装一个液晶屏,通过更完善的设计还可以显示每一个正在输液的输液瓶中还剩多少液体。

参考文献

[1] 陈宇,王玺. 基于光电技术智能输液监控系统设计[J]. 核电子学与探测技术,2009,29(05):1149-1154.

[2] 李和太,赵新,李新,等. 智能输液监控系统的研制[J]. 沈阳工业大学学报,2006(03):318-322,326.

[3] 杨凤云. 基于51单片机的输液监控系统设计[J]. 南京理工大学,2012:273-281.

致 谢

在本次系统探究和论文设计过程中，感谢我的学校给了我学习的机会。在学习中，老师从选题指导、论文框架到细节修改，都给予了耐心的指导，提出了很多宝贵的意见与建议，老师以其严谨求实的治学态度，高度的敬业精神，兢兢业业、孜孜以求的工作作风和大胆创新的进取精神对我产生重要影响。他渊博的知识、开阔的视野和敏锐的思维给了我深深的启迪，这篇论文是在老师的精心指导和大力支持下才完成的。

感谢所有授我以业的老师，没有这些年知识的积淀，我没有这么大的动力和信心完成这篇论文。感恩之余，诚恳地邀请各位老师对我的论文多加批评指正，使我及时完善论文的不足之处。

最后，我要向百忙之中抽时间对本文进行审阅的各位老师表示衷心的感谢。

智能环境监测机器人

***（遵义第一中学 563000）

摘要：

本文设计的机器人用于向社区或学校等场所提供在线的、区域化的、直观的实时空气质量监测。很多地方已经安置了传统固定空气质量监测站点，而我们的机器人可以到任何一个地方去监测，更方便实用，而且以不高于一分钟一次的频率更新高质量监测数据。环境检测机器人的传感器小巧、经济，使得空气质量实时信息能够为城市和居民提供一个非常重要的全新视角，弥补传统空气监测方式的缺点。

关键词： 环境监测；机器人

Abstract:

This robot is used to provide online, localized, and intuitive real-time air quality to places such as communities or schools. Many places have already installed traditional fixed air quality monitoring stations, but our robots can go to any place for monitoring, which is more convenient and concise, and update high-quality monitoring data at a frequency of once every minute or less. The sensors of environmental detection robots are compact, economical, and provide real-time air quality information with a very important new perspective for cities and residents, making up for the shortcomings of traditional air monitoring methods.

Keywords: environmental monitoring; robots

一、创意来源

目前，空气污染已经成为影响人们身体健康的重要因素。许多研究证实，煤炭、石油及其他矿物燃烧产生的工业废气，以及机动车产生的尾气排放等众多的污染物，对呼吸系统和心血管系统会造成伤害，导致出现哮喘、肺癌、心血管疾病，以及出生缺陷和过早死亡，已成为我们健康身体的杀手，对我们健康有极大的害处。随着温室气体的增加，地球温度也在日益增加。现在天气变化趋势十分莫测，我国南方雨水量较多，北方比较匮乏，从而引发环境湿度问题，在任何气温条件下潮湿的空气对人体都是不利的。研究表明，湿度过大时，人体中的一种松果腺体分泌出较大的松果激素量，使得体内甲状腺素及肾上腺素的浓度就相对降低，细胞就会"偷懒"，人就会无精打采，萎靡不振。长时间在湿度较大的地方工作、生活，还容易患湿痹症；湿度过小时，蒸发加快，干燥的空气容易夺走人体的水分，使皮肤干燥、鼻腔黏膜受到刺激，所以在秋冬季干冷空气侵入时，极易诱发呼吸系统病症。此外，空气湿度过大或过小时，都有利于一些细菌和病毒的繁殖和传播。随着社会快速发展，随之产生一些环境污染问题，因此需要一个智能的监测设备来实时监测空气质量，保证一个健康的生长环境。我们从市场中了解到许多环境监测设备都是单一的，只能监测某一种数据，而且体积相比之下也比较大，并且只能在某一固定的地方监测，不利于携带。

当今出现的一些环境问题时刻警示我们保护环境势在必行。然而想要保护环境，前提是知道环境问题所在。

为此我们小组设计了一个能自动行走的智能机器人，可以随处检测周围环境质量，避免了携带问题。本机器人可以实现对空气中 PM2.5、光照强度、湿度、温度、噪声的检测，当我们周围环境的温度湿度等超过人体的承受范围便会发出警报。本文设计的机器人在经济上价格低廉，为了有效地提倡保护环境，我们还用变废为宝的方案进行制作。

智能机器人还可以把检测的数据发送到显示器上或者通过蓝牙传到手机上，便于用户监测，使其不再担心周围的环境，因此本文研究具有很好的社会效益和经济效益。

二、设计思路

机器人内部：我们采用 ArduinoMag2560 控制器作为主控制器来实现对机器人的灵活控制，主控制器可以控制 6 个乐高电机和 6 个乐高传感器，还可以控制其他的一些传感器，如：由灰尘传感器检测空气中的 PM2.5，光敏电阻传感器检测光照强度，数字温湿度传感器检测环境的温度与湿度，声音传感器检测噪声的强度，检测后将结果显示在显示器上，或者利用无线蓝牙串口模块将结果发送到手机进行显示，还可以用无线通信模块发送到个人计算机。当机器人把检测结果发送到个人计算机时，其上不仅会显示检测结果和相应的提示语，还会有相应的控制键："走"或"停"；还可以通过手机发送我们预先设定的符号："A"为行走；"B"为停止。当行走中发现检测结果不在我们设定的人体最适范围时，它会通过蜂鸣器发出警报作为提醒。

为了体现我们动手制作的能力，也为了响应保护环境的号召，机器人的外部采用了一些废旧的材料，再用易拉罐贴合而成。它的手是两个废旧的易拉罐，装上乐高电机后可以摆动，它的脚用乐高电机和积木搭建而形成，为了让它更加的智能化，我们在底部安装了超声波传感器，当它在行走过程中遇到障碍时，可以避开障碍继续行走。

三、研究过程

经过我们的商定，我们决定用废弃的材料来制作机器人，既节约资金也比较环保。所以我们搜集了一个塑料桶，几个易拉罐。首先我们将易拉罐剪开，将里面层清洗干净，然后给外面有花纹的一面贴上双面胶后贴在塑料桶的外面，由于双面胶经常粘不牢所以我们又用图钉进一步固定，给塑料桶一种金属感，这样机器人的身体就制作完成了。因为脚部是机器人的关键，在老师的建议下我们用乐高的积木和乐高电机拼装了两个带有履带的大脚掌，然后在机器人身体底部打了 8 个孔，把我们拼装在大脚掌上的乐高积木穿入，然后在塑料桶的内部用积木固定住。由于我们找来做机器人头的材料是粉红色的，与我们的制作的身体颜色不符合，所以找老师借了银色的喷漆把盖子喷成银色，使我们的机器人更具有科技感。

在老师的帮助下，我们利用并装好了 Arduino 控制器、灰尘传感器、数字温湿度传感器、光敏电阻传感器（光照强度传感器）、超声波传感器等。然后编写相应的程序，并把程序写入控制器。制作好后的机器人就可以监测环境了，但是它传到计算机上的只是基本数据，所以我们在计算机上编制了一个软件，可以对传回来的数据进行简单的分析，这样我们就可以知道环境质量了。同时机器人还可以简单地避障，并在 1000 m 以内与计算机进行通信，所以它可以在远距离对环境进行监测。

四、实验探究与结果展示

实验探究一：不同温度条件下人的身体反应。

实验目的：找到人体最适温度的大概范围。

表1 不同温度条件下人体反应

温度	人体反应	学习的效率	结果
5 ℃	感觉寒冷，反应迟钝	较低	不适宜
10 ℃	感觉较冷，动作变缓	一般	较适宜
15 ℃	精神比较充沛	高	适宜
20 ℃	感觉自然，比较放松，精力充沛	高	适宜
25 ℃	感觉较热，易打瞌睡等	一般	较适宜
30 ℃	感觉热，汗水多，心神不宁	较低	不适宜

通过对不同温度条件下人的身体反应的实验研究，我们得出的结论是 17～25 ℃ 为人体的最适温度。

实验探究二：不同湿度下人的身体反应。

实验目的：找到人体的最适湿度的大概范围。

表2 不同湿度下人体反应

湿度	人体反应	学习效率	结果
30%	喝水频率高	较低	不适宜
40%	感觉自然，比较放松	高	适宜
50%	感觉自然，比较放松	高	适宜
60%	感觉自然，比较放松	高	适宜
70%	感觉闷热，烦躁	较低	不适宜

通过对不同湿度下人的身体反应的实验探究，我们得出的结论是湿度在 40%～60% 为人体的最适湿度值。

实验探究三：不同强度的亮度条件对视力的影响。

实验目的：找到视力的最适亮度值。

表3　不同强度的亮度条件对视力影响

亮度/lux	学习效率	结果
200	差	不适宜
300	良	较适宜
400	优	适宜
500	优	适宜
600	优	适宜
700	良	较适宜
800	差	不适宜

通过不同强度的亮度条件对视力影响的实验探究，我们得出结论是在亮度 400~600 时为视力的最适亮度值。

实验探究四：不同强度的噪声对学习的影响。

实验目的：找到学习的最适噪声强度值。

表4　不同强度的噪声对学习的影响

声音强度/dB	学习效率	结果
0	很高	适宜
20	很高	适宜
40	很高	适宜
60	高	适宜
70	较低	较适宜
80	低	不适宜
90	很低	不适宜

通过不同强度的噪声对学习影响的实验探究，我们得出结论是在 60 dB 以下为学习的最适强度值。

五、作品描述

我们所设计的智能环境监测机器人具有结构简单并且生产、安装简便的特点。环境监测机器人是由 Arduino 控制器、乐高 NTX 电机、温湿度传感器、光敏电阻传感器、灰尘传感器以及其他废旧材料组成。由于这些物件所需要的价格较低，组装便捷，操作简单，所以这套设施能够大规模地生产和投入使用。

我们用废旧的小型塑料桶、乐高电机和乐高积木搭建了一个安卓型机器人，并用回收的易拉罐进行装饰。我们采用由 Arduino 控制版控制乐高 NTX 电机实现机器人的初步运动，满足其在不同的地方进行监测，还可以将监测的数据通过无线传输到计算机或者手机进行查看，并且我们用乐高 NTX 超声波传感器来完成简单的避障。智能监测机器人可以监测 PM2.5、光照、温度、湿度、声音，当监测的数据达到我们预先所设定的最适值时，将会自动发出报警，提醒用户，并且可以通过无线信号传输到计算机上，或通过蓝牙传输到手机上，也可以直接在该机器人上显示，更加方便查看，更有利于我们对身边环境质量的了解。

六、改善与完善的设想

我们通过在网上查询，以"智能环境检测机器人"作为关键词进行搜索，都没有找到相关的机器人，仅有的都是一些简单的设计，并没有实际的作品。我们所设计的智能环境检测机器人能检测的数据比较多，虽然能检测多项数据，但还是具有一定的缺陷。因为我们只是初步进行了设计，只具有一定的作业效果，检测出的数据并没有现市场上的设备检测出来的准确。另外，带动机器人运动用的是乐高电机，因为乐高电机功率比较小，只能带动质量小的物体，所以减缓了机器人的运动速度。机器人只能走比较平缓的道路，如果坡度比较大就会导致机器人翻倒。我们给主控制器提供的电源较小，需要频繁进行充电才能继续使用，所以使用时并不是很方便。对于速度比较慢的问题，可以更换为功率更大噪声更小的电机，对于坡度较大的道路，利用重力传感器,根据实际情况调节脚掌与身体的角度,从而增加机器人的稳定性。同时更换高精度传感器和较大容量的电池,提高使用的效率。

七、创新点

创新性:该机器人用于向社区或学校等场所提供在线的、区域化的、直观的实时空气质量监测数据。很多地方已经安置了传统固定空气质量监测站点,而我们的机器人可以到任何一个地方去监测,更方便、简洁,而且以不高于 1 次/min 的频率更新高质量监测数据。环境检测机器人小巧、经济,能够为城市和居民提供一个非常重要的全新视角来观测空气质量实时信息,弥补传统空气监测方式的不足。

科学性:采用了 Arduino 控制器 mega25602012R3 为主控制器,同时也用 ArduinoLEGO 机器人控制器进行辅助,分别用光敏电阻传感器、数字温湿度传感器 DHT11 模块、GP2Y1010AUOF 灰尘传感器和声音传感器来检测光照、温度、湿度、PM2.5、声音,再通过显示器交替显示检测的数据,方便用户查看。也可以通过无线方式将数据传输到计算机或者手机上。机器人采用废旧材料组成,具有环保性。对控制器提供电源也采用安全的方式,用锂电池进行充电交替使用。使用蜂鸣器模块进行报警,让我们生活在更舒适的环境中。

实用性:(1)智能化,能够自动完成检测并且通过无线信道传输到计算机或者手机上进行查看,当检测的数据超过我们预先所设定的最适值时,能够发出系统报警,提醒用户。该机器人还能运动到远距离的地方进行检测,不需要人跟随,具有独立完成工作的能力。(2)精确化,它能够较为准确地检测环境中的数据,用户可以通过计算机或者手机远程控制机器人的工作。(3)环保性,采用废旧材料制作,而且成本低廉,对环境没有污染,对社会的经济发展也具有一定的促进作用。

八、总结与展望

通过机器人内部的灰尘传感器、声音传感器、光敏电阻传感器、超声波传感器等,我们可以轻松监测环境的质量,有效地解决了现实生活中我们经常关注的环境质量的问题,并且使监测环境更加方便快捷,智能化的软件对我们监测的数据进行了科学的分析,使我们的监测结果更加可靠。同时,通过对机器人的制作,也让我们体会到了科学与生活的紧密联系。

该机器人小巧玲珑、成本低廉,而且运行十分可靠,具有推广和实际应用的价值,可以大规模的生产和使用。如果我们将机器人外部再进行装饰,其将是一个有好看外观且具有经济价值的商品。

当今的社会,环境污染成为我们担忧的话题,如果我们可以时刻得知周围环境的质量,那我们将拥有更舒适放心的生活,因此本课题设计具有重要意义。如果给这个机器人加上摄像头,然后通过无线通信模块将数据发送到计算机,然后利用机器人对周边的环境进行实时监控,这样我们便可以在室内对机器人进行操控,这样就实现了远程智能化,也符合当今的社会潮流。

通过机器人的制作,作为中学生的我们真正体会到了素质教育的乐趣和科学的魅力,这个过程不仅体现了我们动手制作的能力,同时体现了团队的合作,让我们明白了科学的意义:敢想,敢做!

九、原理图

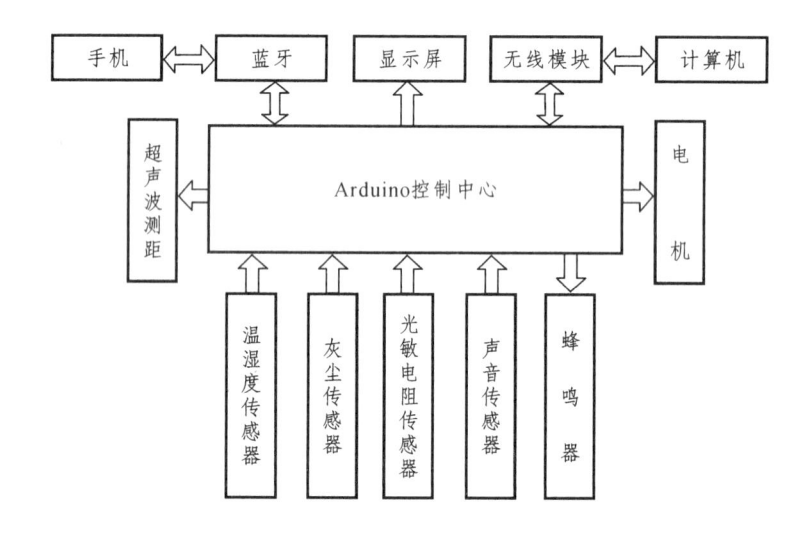

图 1　原理图

十、流程图

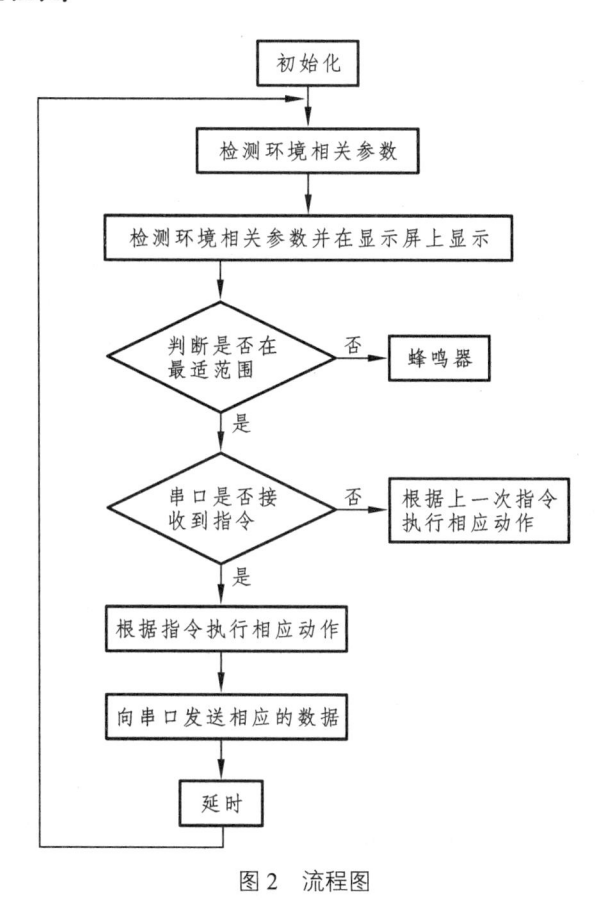

```
        初始化
          ↓
    检测环境相关参数
          ↓
  检测环境相关参数并在显示屏上显示
          ↓
     判断是否在 ──否──→ 蜂鸣器
      最适范围
          │是
          ↓
     串口是否接 ──否──→ 根据上一次指令
      收到指令              执行相应动作
          │是
          ↓
   根据指令执行相应动作
          ↓
    向串口发送相应的数据
          ↓
         延时
          │
          └──→ (回到检测环境相关参数)
```

图 2　流程图

·103·

十一、实物图

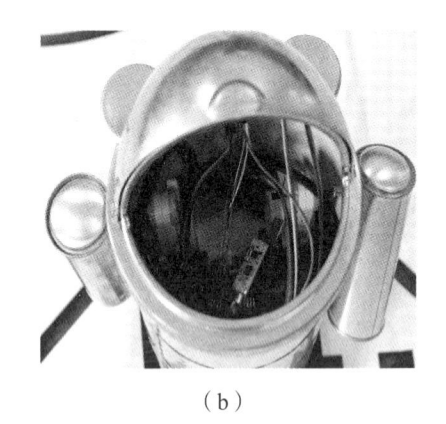

(a)　　　　　　　　(b)

图 3　实物图

十二、研究过程图

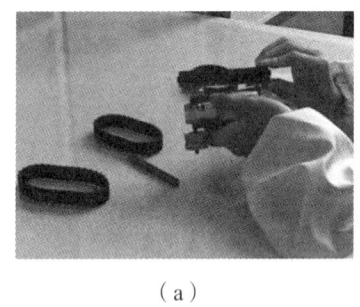

(a)　　　　　　　　(b)

(c)

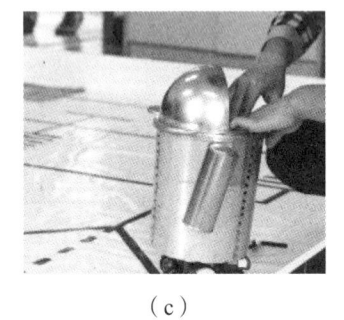

图 4　研究过程图

十三、材料清单

表 5 材料清单

序号	材料名称	数量	厂商
1	Arduino 控制器 mega25602012R3	1	
2	ArduinoLEGO 机器人控制器	1	Master 电子工作室
3	乐高 NTX 电机	4	乐高公司
4	乐高 NTX 超声波传感器	3	乐高公司
5	GP2Y1010AU0F 灰尘传感器	1	日本夏普
6	HC-05 无线蓝牙串口模块	1	
7	APC220 无线串口通信模块	2	深圳市安美通科技有限公司
8	数字温湿度传感器 DHT11 模块	1	
9	光敏电阻传感器	1	
10	蜂鸣器模块	1	
11	乐高积木	若干	乐高公司
12	USB-TTL 设置器	1	
13	声音传感器模块	1	
14	I2CLCD1602 显示屏	1	
15	其他废旧材料	若干	

参考文献

[1] 魏桐,韩剑辉,蒋蒋薇. 基于 ARM 的智能家居机器人设计[J]. 科技创新与应用, 2015, (13): 52.DOI:10.19981/j.cn23-1581/g3.2015.13.043.

[2] 无线环境监测智能机器人[J]. 机械工程师, 2012, (11): 16.

[3] 赵晓妍, 杜林娟, 范洪刚, 等. 发电厂电力设备环境监测机器人的设计与研究[J]. 河南科技, 2014, (12): 157-159.

[4] 马明, 肖玲艳, 陈丹超. 室内多参数监测机器人的研制[J]. 制造业自动化, 2011, 33 (22): 28-30+33.

[5] 孙奕敏, 王玙瑶, 艾浩军. 基于助老服务机器人的智慧养老院系统研究[J]. 科技视界, 2015, (16): 27+96.DOI:10.19694/j.cnki.issn2095-2457.2015.16.018.

"三位一体"智能调光系统

*** (遵义第一中学 563000)

摘要:

"三位一体"智能调光系统由 Android 系统的手机客户端、光传感器、Arduino 手势识别传感器和 Arduino 调光硬件组成。此调光系统具有自动调光的功能,光传感器通过外部环境光照强度的不同自动调节灯的亮度,外部光照强度越大,灯光越暗;外部光照强度越小,灯光越亮。在夜晚,系统能使灯的亮度范围适宜于人们的工作学习,即使是最大亮度,也不会损害人们的眼睛。用户也可以通过手在四个不同方向挥动来控制,向右代表开,向左代表关,向上代表亮度增强,向下代表亮度减小,用户每挥动一次手,就会听到蜂鸣器的提示音,表示操作已成功完成。此外,用户还可通过手机 APP 添加控制系统,可以在手机上通过滑动条无极调光,手机 APP 把用户设置的信息通过蓝牙发送给 Arduino 硬件系统,从而调节灯的亮度。系统硬件安装简单,可以给现有的灯进行改装,可以远程控制卧室、客厅里的灯,方便实用。

关键词: 智能调光;手势识别

Abstract:

The "Trinity" intelligent dimming system consists of an Android mobile client, a light sensor, an Arduino gesture recognition sensor, and Arduino dimming hardware. This dimming system has an automatic dimming function. The light sensor automatically adjusts the brightness of the light 0 based on the different external ambient light intensities. The higher the external light intensity, the darker the light; The darker the external light intensity, the brighter the light. At night, the brightness range of the lamp is suitable for people's work and study, and even the maximum brightness will not harm people's eyes. Users can also control it by waving their hands in four different directions: right represents on, left represents off, up represents brightness enhancement, and down represents brightness reduction. Each time the user swings their hand, they will hear a buzzer sound indicating that the operation has been successfully completed. In addition, users can also add a control system through the mobile app, which allows for infinite dimming through a slider on the phone. The mobile app sends user set information to the Arduino hardware system via Bluetooth to adjust the brightness of the lights. The hardware installation is simple and can be modified for existing lights. It can be used to control bedroom and living room lights under the covers, making it convenient and practical.

Keywords: intelligent dimming; gesture recognition

一、创意来源

目前关于调光相关的技术有很多，但售价高，同时也有很多灯带有蓝牙或者 WiFi 控制功能，但是没有相应的模块出售，对于已经装修好的家庭想要体验该技术就必须更换新灯，但这样花费太大，并且浪费。因此设计了"三位一体"的智能调光系统。

二、设计思路

对于本文的调光系统，它体积小且便于安装，只要用户具备简单的电学知识就可以轻松安装并享受智能生活。本系统模块采用最新流行的 Arduino 智能硬件制成，远程控制性能稳定，控制亮度范围更广并且更加精准，并且耗电量低，更加节约电。通过手势控制和自动调光，人们可根据自己的所需直接进行调光，同时系统的自动调节能保证人们在舒适的光照下工作学习，不会损伤视力。

首先制作了一个安卓手机 APP，用户可以通过手机客户端添加硬件设备，添加成功后，调光系统中的光传感器就可通过感知外界环境的光照强度来自动调节适宜于人眼的光的亮度。在学习过程中，可用手在台灯前按一定方向挥动，Arduino 手势模块通过所接收到的信息来调节灯的亮度。用户也可以在手机上对灯的状态进行改变，手机将相关信息通过蓝牙传递给 Arduino 硬件控制系统，Arduino 通过蓝牙模块接收信息，把信息处理模块安装到预先设置的程序中，以控制灯的状态。

三、原理图与流程描述

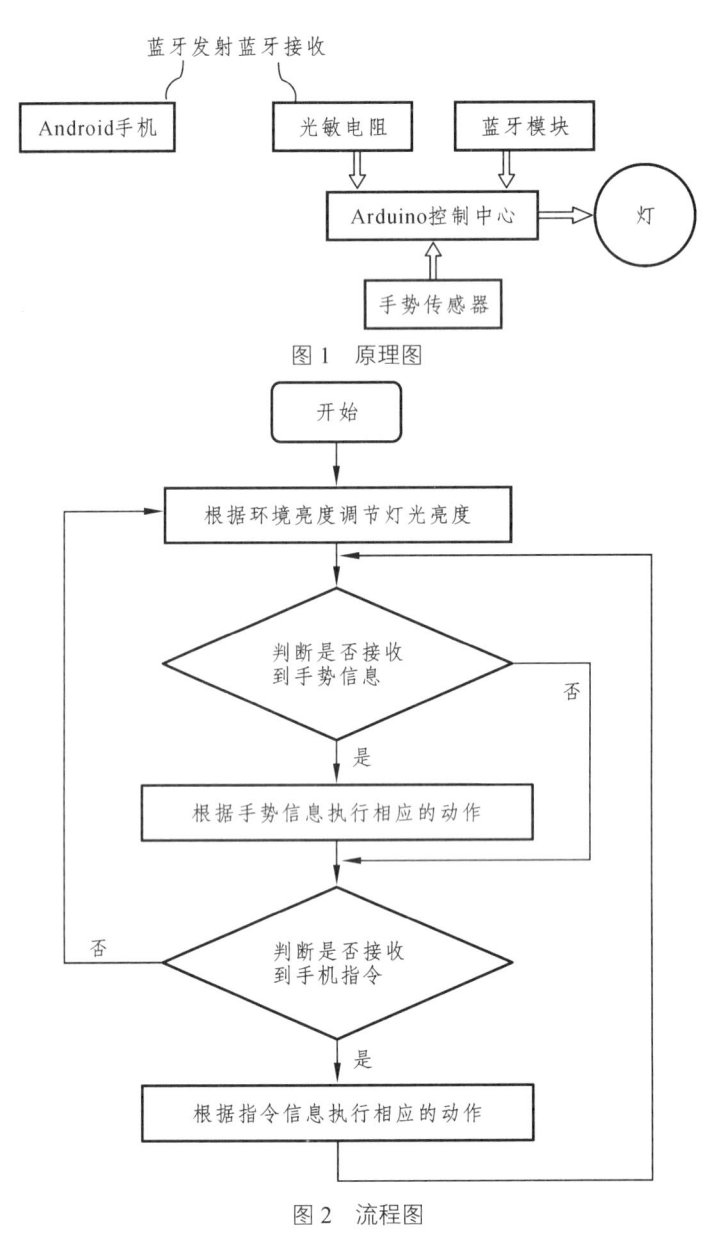

图1　原理图

图2　流程图

四、研究过程

（一）材料清单

表 1　材料清单

元件名称	数量	备注
7×9 万用板	2	
Arduino ProMini	1	
手势传感器	1	
光敏电阻	1	
蓝牙模块	1	
16p 母座	1	
16p 排针	1	
驱动模块	1	
DC 电源接口	2	
电源线	2	
导线	若干	

（二）使用工具

Windows 系统计算机、安卓手机、电烙铁、胶枪、美工刀、镊子、螺丝刀以及用来装载该系统的台灯。

（三）制作方法

第一步：焊接 Arduino 控制中心的管脚（见图 3），焊接完成后如图 4 所示。

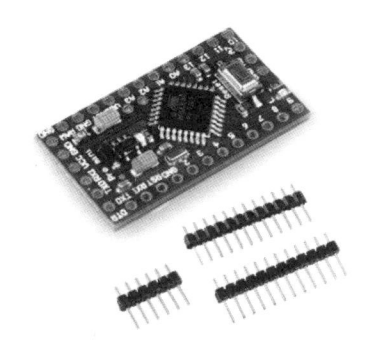

图 3　焊接 Arduino 控制中心的管脚　　　图 4　焊接完成

第二步：焊接手势传感器相关引脚，如图5、图6、图7所示。

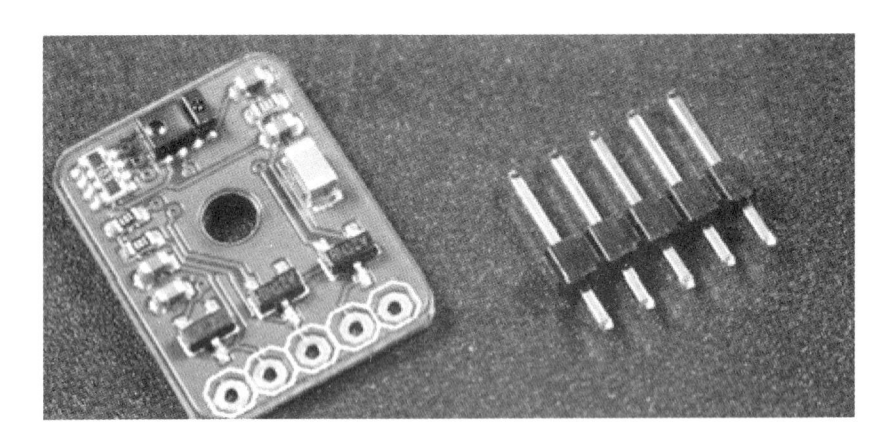

图5 焊接手势传感器相关引脚

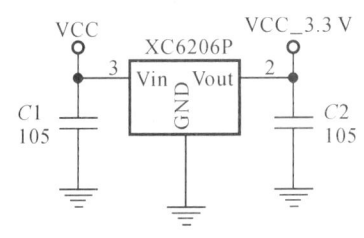

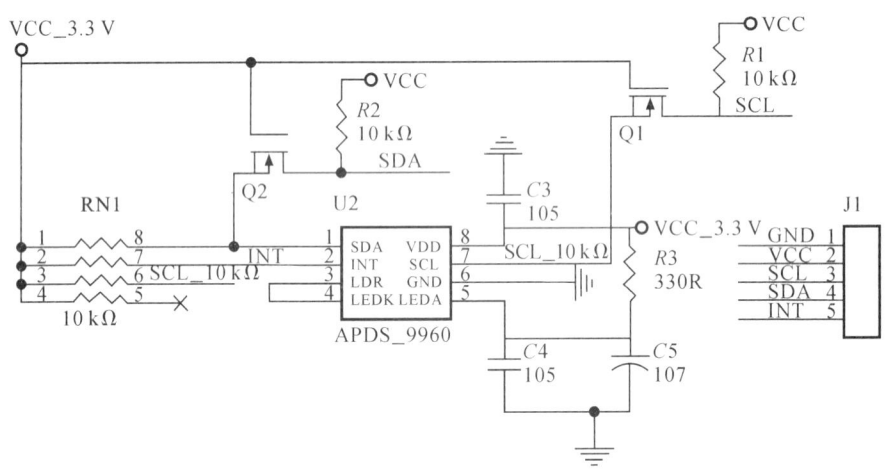

图6 原理图

图 7 焊接

第三步：焊接蓝牙插座和相关元件，如图 8、图 9 所示。

图 8 蓝牙插座

图 9 焊接蓝牙插座

第四步：焊接蜂鸣器，实物如图 10 所示。

图 10　焊接蜂鸣器

第五步：连接光敏电阻模块，如图 11、图 12 所示。

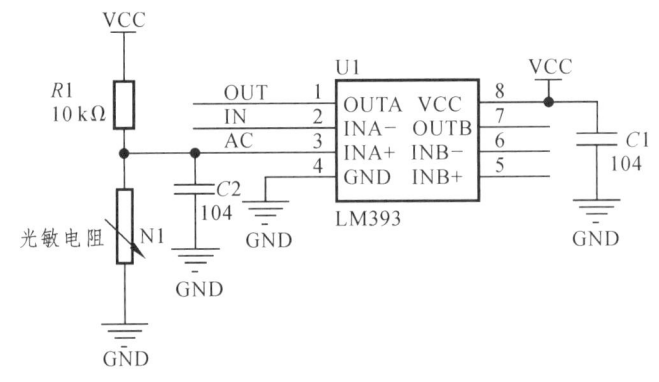

图 11　连接光敏电阻模块电路

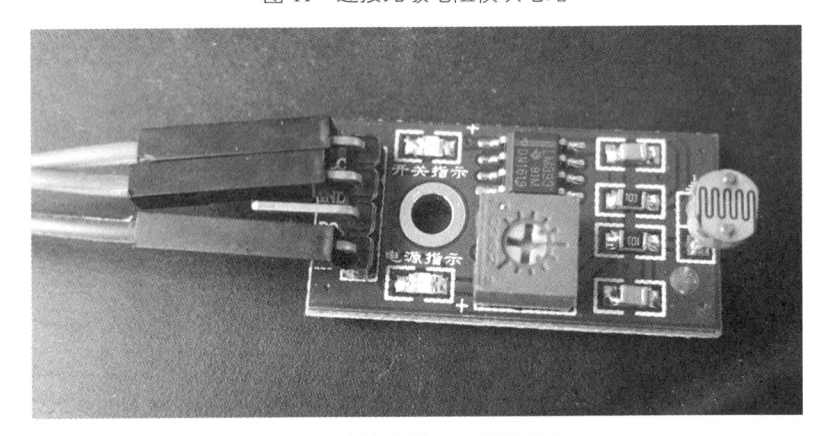

图 12　连接光敏电阻模块实物

第六步：焊接指示灯和相关元件，原理如图 13 所示，实物如图 14 所示。

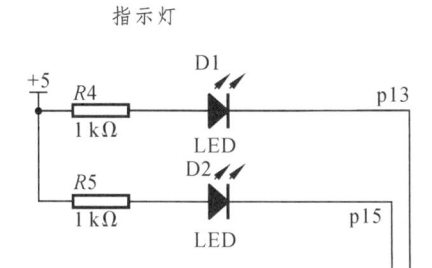

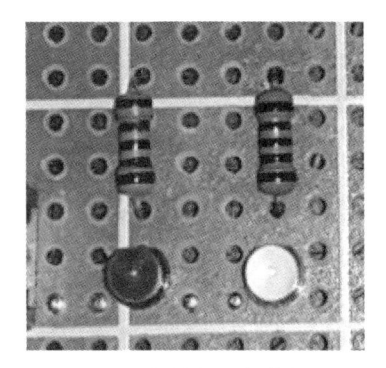

指示灯

+5 — R4 1kΩ — D1 LED — p13

R5 1kΩ — D2 LED — p15

图 13　焊接指示灯原理　　　　　图 14　焊接指示灯实物

第七步：焊接驱动模块，实物如图 15、图 16 所示。

图 15　驱动模块

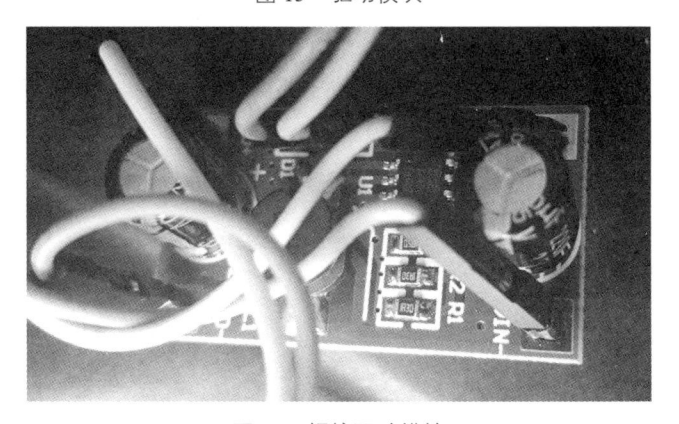

图 16　焊接驱动模块

第八步：焊接 DC 电源接口，实物如图 17、图 18 所示。

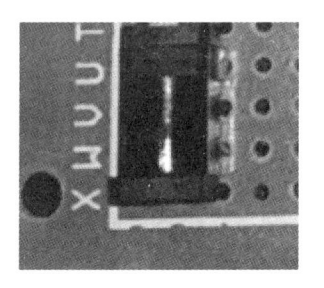

图 17　DC 电源接口　　　　图 18　焊接 DC 电源接口

第九步：各模块最终连接如图 19 所示。

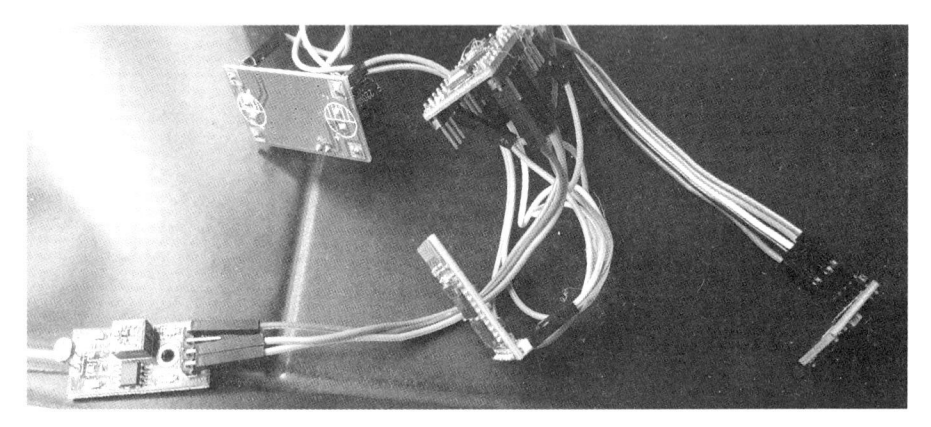

图 19　最终连接图

（四）使用效果

做完调光系统后我就把心爱的台灯改装了，之后迫不及待地进行了测试，效果很不错，紧接着我就给室友进行了改装，测试后她们都觉得不错，也得到她们的好评。

五、总结与展望

本产品通过自动调光、手机调光、手势调光三方面结合来控制灯的亮度，让人们生活变得更加智能、方便。整个系统结构紧凑，简单可靠，操作灵活稳定，功能强大，性价比高，用电子控制代替机械控制，满足人们的需要。

在以后的研究中要扩大输出功率，减小模块体积，提高稳定性，加入更多使用的功能，加强可操作性，以及改变控制手段比如说 WiFi 远程控制、语音控制等，大大提高灯的稳定性和易用性，使之更智能、更方便。

参考文献

[1] 毋丽丽，寇继磊. 智能型防近视 LED 台灯[J]. 科技与创新，2016，57（09）：113.

[2] 梁计锋，刘瑞妮，尤国强. 智能护眼台灯电路的设计[J]. 电子设计工程，2015，23（20）：155-157.

[3] 张庆. 智能照明控制系统方案的研究[C]//河南省照明学会. 节能照明控制与 LED 技术学术论坛论文集. 2010：5.

[4] 任林. 带蓝牙 4.0 智能坐姿提醒护眼灯的设计[C]//广东省电子学会. IT 时代周刊论文专版（第 315 期）. 2015：9.

[5] 徐操喜，杨小英，沈超航，周健梅. 手势切换音响系统的设计与实现[J]. 无线互联科技，2017，110（10）：67-68.

[6] 李杨韬. 基于手势识别的认知训练系统研制[D]. 东南大学，2016.

[7] 胡鑫，周迪，吴文威，等. 手机蓝牙收发模块的无线 LED 调光技术[J]. 单片机与嵌入式系统应用，2015，15（07）：57-60.

[8] 魏有法. 基于 Android 的 LED 灯光控制器的研究与设计[D]. 泉州：华侨大学，2015.

[9] 张波，曹丰文，汪义旺. LED 路灯驱动及智能调光系统的研究与设计[J]. 照明工程学报，2011，22（04）：71-74，78.

[10] 骆祖国，陈渊睿. 高效 LED 照明驱动及智能调光电路设计[J]. 微处理机，2011，32（02）：84-87.

基于物联网的智能窗户设计

***（遵义市第一中学 563000）

摘要：

本系统所述物联网单元、环境亮度传感器单元、水分传感器单元、空气质量监测仪（PM2.5，甲醛，温湿度）单元和控制按钮的信号输出端均与 Arduino 控制单元对应的信号输入端连接，Arduino 控制单元输出信号至电机驱动单元以控制步进电机。本系统通过设置物联网单元、环境亮度检测单元、水分检测单元、空气质量监测仪、控制按钮、Arduino 控制单元和电机驱动单元，利用各单元之间的协作来自动控制窗户在不同的环境下的开合以及开合程度，解决了开关窗户需要人工进行所带来的诸多不便。本系统可以通过水分检测单元在下雨天自动关闭窗户，可以通过空气质量监测仪单元在出现失火或泄漏煤气浓度超过一定范围时自动开窗，自动适应不同环境条件下窗户的开合要求，用户可以远程查看窗户的开合情况和控制窗户的开合。

关键字： 物联网；智能窗户

Abstract:

The Internet of things unit, ambient brightness sensor unit, moisture sensor unit, air quality monitor (PM2.5, formaldehyde, temperature and humidity) unit and the signal output end of the control button in this system are all connected with the signal input end corresponding to the Arduino control unit. The Arduino control unit outputs the signal to the motor drive unit to control the stepper motor. This system by setting the iot unit, environmental brightness detection unit, water unit, air quality monitoring, control button, the Arduino control unit and the motor drive unit, the use of collaboration between each unit to automatically control opening and closing Windows in different environment, as well as the degree of opening and closing, solves the inconvenience brought by the switch window requires human; The Windows can be automatically closed in rainy days through the moisture detection unit; The air quality monitoring unit can automatically open the window when the concentration of fire or gas leakage exceeds a certain range, so as to automatically adapt to the requirements of opening and closing Windows under different environmental conditions. Users can remotely check the opening and closing of Windows and control the opening and closing of Windows.

Keywords: Internet of Things; smart windows

一、创意来源

目前，许多家庭中使用的窗户仍为普通窗户，开关窗户需要人工进行，经常会出现家中无人但是没有关窗，盗窃者通过爬窗户进入家里偷盗等状况。现如今，虽然智能窗户的市场正在逐步地打开，但现存于市场中的智能窗户的功能并不齐全，并且国内外目前都没有对智能窗户进行大批量生产的先例，且目前国家标准中没有对智能窗户进行标准化，使得现今的智能窗户体系不具备兼容性，推广困难。装修好后想要换成智能窗户就只能整套换掉，更换成本也很高。所以本课题设想了一种成本低、能自动感应并自动关窗的装置，这样就能完全防止意外情况的发生，因为许多家庭都不愿破坏原有窗户去更换智能窗户，而该装置的优点就是无须破坏原有窗户，只需在原来的基础上把装置安装在窗户上即可，它还可以用手机远程控制，便于推广。

二、项目简介

本文设计了一个能自动通过所检测的环境情况来判断是开窗还是关窗的智能系统，例如是否有雨，室内空气质量好坏，环境的亮度等，避免家里出现一些安全隐患问题。当检测到外部有水分时，系统会自动进行关窗，避免了可能的恶劣天气对室内的破坏。当检测到内部出现有害气体并对人体有伤害时，系统能自动开窗通风，并发出报警，保护人身及财产安全。因此，本研究具有较大的社会效益和经济效益。

三、设计思路

主控制器可以控制主要的传感器，还可以控制其他的一些传感器，如物联网模块可以实时监测窗户状态以及控制窗户的开合，空气质量监测仪能够检测空气中 PM2.5、甲醛、温湿度，光敏电阻传感器能够检测光照强度，水分传感器能够检测环境是否有雨。为解决上述技术问题，本系统提供了一种窗户开合控制系统，该窗户开合控制系统通过环境亮度检测单元、水分检测单元、空气质量监测仪单元、控制按钮、Arduino 控制单元和电机驱动单元来自动控制窗户的开合，解决了开关窗户需要人工进行所带来的诸多问题。

本系统通过以下技术方案得以实现。

本系统环境亮度检测单元、水分检测单元、空气质量监测仪单元和控制按钮的信号输出端均与 Arduino 控制单元对应的信号输入端连接，Arduino 控制单元输出信号至电机驱动单元以控制步进电机。

环境亮度检测单元采用光敏电阻进行亮度检测。该单元设置有亮度侦测模块和主控模块，且亮度侦测模块和主控模块之间还设置有偏置电路。

亮度侦测模块包括光电传感器 PD、取样电阻 R_0 和滤波电容 C_1，光电传感器 PD 的一端连接电源 V_{DD}，另一端通过取样电阻 R_0 连接至基准电压 V_{SS}，滤波电容 C_1 并联于取样电阻 R_0 的两端。

光电传感器 PD 和取样电阻 R_0 之间的连接导线连接至主控模块的模数转换电路，模数转换电路依次通过查找电路、数模转换电路连接至比较器的一个输入端，比较器的另一输入端输入参考信号。

偏置电路包括电阻 R_2，其一端连接电源，另一端连接亮度侦测模块和主控模块。

本系统的有益效果在于：通过设置物联网单元、环境亮度检测单元、水分检测单元、空气质量监测仪单元、控制按钮、Arduino 控制单元和电机驱动单元，利用各单元之间的协作来自动控制窗户在不同的环境下的开合以及开合程度，解决了开关窗户需要人工进行所带来的诸多不便；可以通过水分检测单元在下雨天自动关闭窗户；可以通过空气质量监测仪单元在出现失火或泄漏煤气浓度超过一定范围时自动开窗，自动适应不同环境条件下窗户的开合要求。

四、研究过程

（一）材料清单

表1　材料清单

序号	名称	数量	备注
1	Arduino 控制器	1	
2	物联网模块	1	
3	步进电机	1	
4	空气质量检测仪	1	
5	水分传感器	1	
6	光敏电阻	3	
7	步进电机驱动器	1	
8	窗户模型	1	
9	导线	若干	
10	其他废旧材料	若干	

（二）所用工具

电烙铁、美工刀、镊子。

（三）制作方法

第一步：把控制按钮（见图1）连接到主板（见图2）。

图1　控制按钮

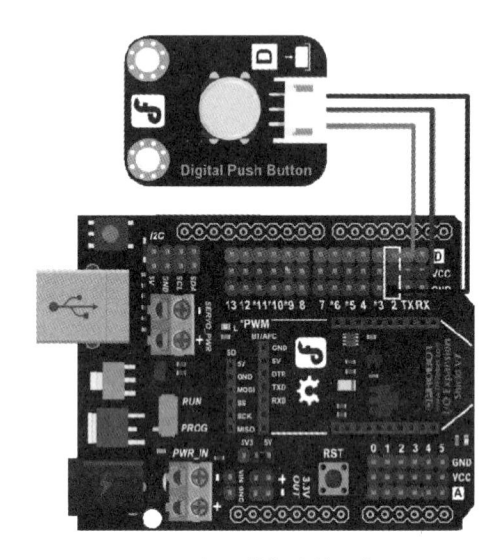

图2 控制按钮连接主板

第二步：将水分传感器（见图3）连接控制器。

图3 水分传感器连接控制器

第三步：将空气质量传感器（见图4）连接到控制器（见图5）。

图4 空气质量传感器

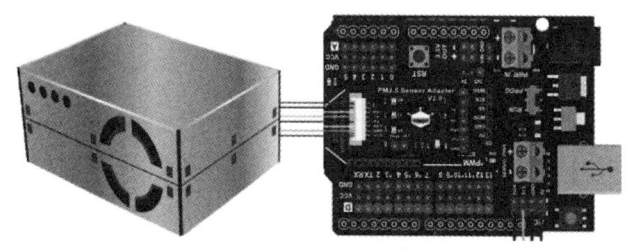

图5　空气质量传感器连接到控制器

第四步：将光敏模块（见图6）连接到控制器（见图7）。

图6　光敏模块

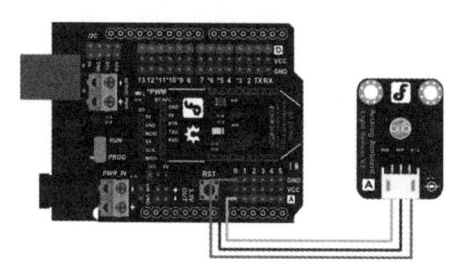

图7　光敏模块连接到控制器

第五步：物联网模块（见图8）连接到控制器（见图9）。

图8　物联网模块

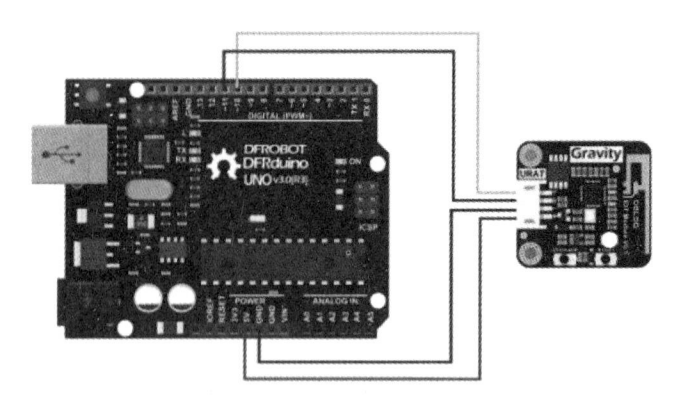

图 9　物联网模块连接到控制器

第六步：连接控制器和步进电机驱动模块，如图 10 所示。

图 10　步进电机驱动模块

第七步：用胶棒固定线路。

第八步：连接控制器和电源。

第九步：成品实物如图 11 所示。

图 11　成品实物

五、原理图

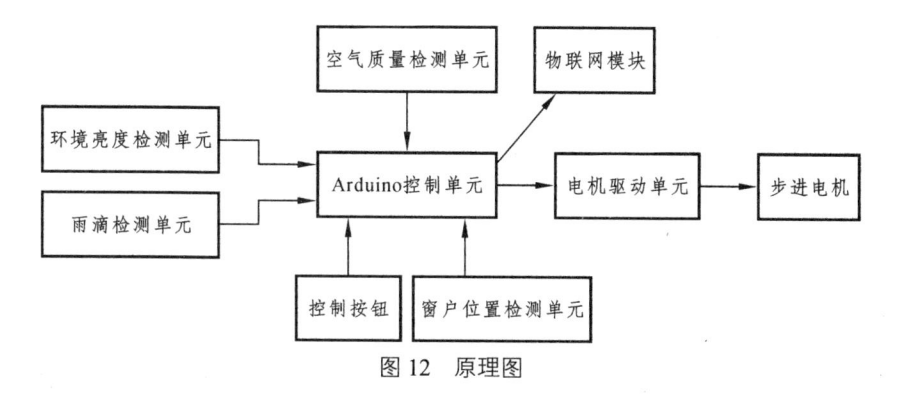

```
                    ┌──────────────┐      ┌──────────┐
                    │空气质量检测单元│      │物联网模块│
                    └──────┬───────┘      └────┬─────┘
┌──────────────┐           │                   │
│环境亮度检测单元├──┐       ▼                   │
└──────────────┘  │   ┌─────────────┐    ┌──────────┐    ┌────────┐
                  ├──►│Arduino控制单元├───►│电机驱动单元├───►│步进电机│
┌──────────────┐  │   └──▲───────▲──┘    └──────────┘    └────────┘
│雨滴检测单元  ├──┘      │       │
└──────────────┘         │       │
                    ┌────┴───┐ ┌─┴──────────────┐
                    │控制按钮│ │窗户位置检测单元│
                    └────────┘ └────────────────┘
```

图 12　原理图

六、流程图

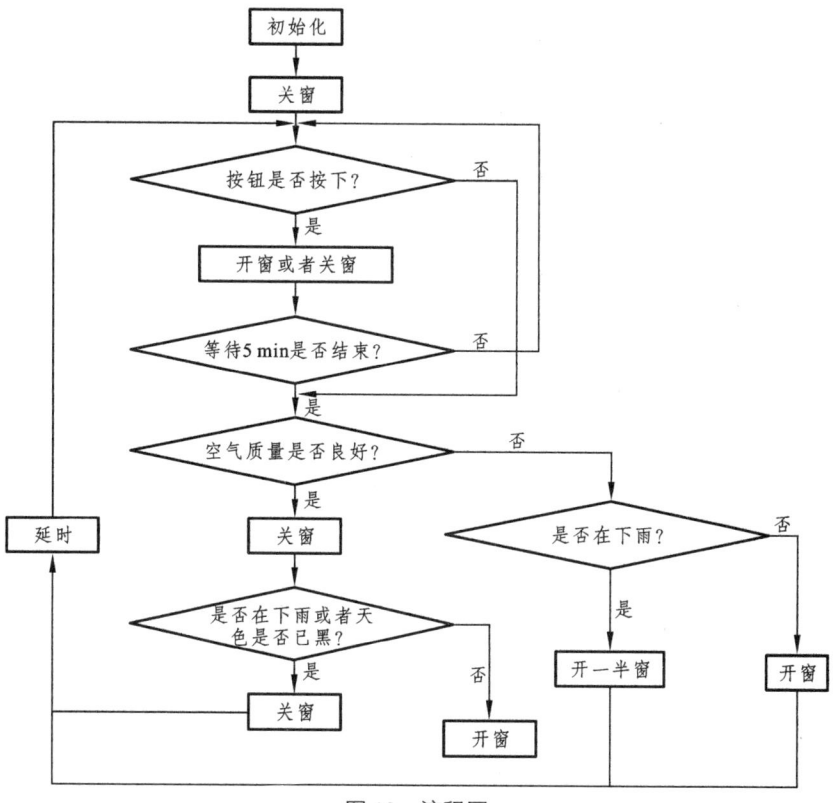

图 13　流程图

七、电路图

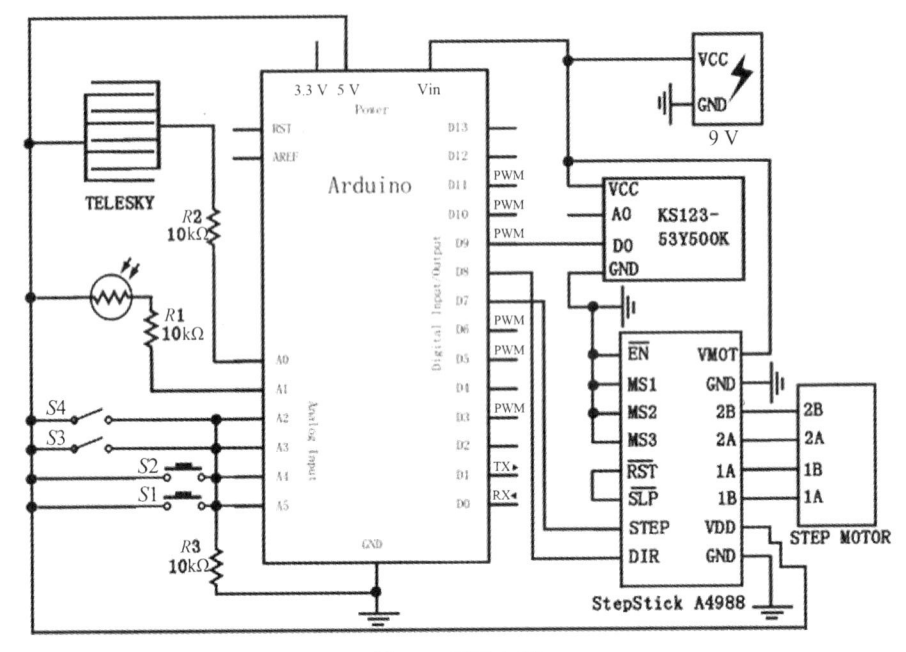

图 14　系统电路

八、具体实施

本文所述智能窗户开合控制系统如图 14 所示，包括物联网单元、环境亮度检测单元、水分检测单元、空气质量监测仪单元、控制按钮、Arduino 控制单元和电机驱动单元。所述环境亮度检测单元、水分检测单元、空气质量监测仪单元和控制按钮的信号输出端均与 Arduino 控制单元对应的信号输入端连接，Arduino 控制单元输出信号至电机驱动单元以控制步进电机。图 14 中的 KS123-53Y500K 是空气质量传感器，TELESKY 是水分检测传感器，S3，S4，S1，S2 是控制开窗或者关窗的开关。所述环境亮度检测单元采用光敏电阻进行亮度检测。

环境亮度检测单元也可以不采用光敏电阻进行亮度检测，在环境亮度检测单元中设置有亮度侦测模块和主控模块，且亮度侦测模块和主控模块之间还设置有偏置电路。所述亮度侦测模块包括光电传感器 PD、取样电阻 R_0 和

滤波电容 C_1，光电传感器 PD 的一端连接电源 V_{DD}，另一端通过取样电阻 R_0 连接至基准电压 V_{SS}，滤波电容 C_1 并联于取样电阻 R_0 的两端。所述光电传感器 PD 和取样电阻 R_0 之间的连接导线连接至主控模块的模数转换电路，模数转换电路依次通过查找电路、数模转换电路连接至比较器的一个输入端，比较器的另一输入端输入参考信号。亮度侦测模块检测环境光线亮度，生成取样电压输出信号至主控模块，主控模块根据取样电压输出信号相应的亮度信号至 Arduino 控制单元，主控模块输出端连接至 Arduino 控制单元的 A1 引脚。

亮度侦测模块输出的取样电压输出信号连接至主控模块中的模数转换电路，模数转换电路将取样电压输出信号转换成数字电平，此数字电平即对应当前环境光的强度；接着，通过查找电路与经预先设定的预定值进行比较，获得此时应送给 Arduino 控制单元的光照强度参数；数模转换模块把光照强度参数转换为模拟电平至比较器，比较器将模拟电平与三角波信号相比较，从而为不同水平的模拟电平产生不同占空比的 PWM 信号，并发送至 Arduino 控制单元。

所述取样电阻 R_0 是可调电阻。在恒定光照度环境中，流经光电传感器 PD 的电流也是恒定的，当改变取样电阻 R_0 的值时，取样电压输出信号也随之变化。可见，调整取样电阻 R_0 的值也可以改变对环境光变化的响应精度。

所述偏置电路包括电阻 R_2，其一端连接电源，另一端连接亮度侦测模块和主控模块，以用于对取样电压输出信号提供一个直流偏置电压，使得取样电压输出信号稍微远离所述基准电压 V_{SS}，以提升主控模块动作的准确性。设置的环境亮度检测单元可以设定程序在一定的亮度条件下自动关闭窗户，尤其是办公室下午下班之后员工很容易忘记关闭窗户，环境亮度检测单元检测到的亮度达到所设定的亮度范围值后就自动关闭窗户，及时防灾、防盗。

本系统通过设置环境亮度检测单元、水分检测单元、空气质量监测仪单元、控制按钮、Arduino 控制单元和电机驱动单元，并利用各单元之间的协作来自动控制窗户在不同环境下的开合以及开合程度，解决了开关窗户需要人工进行所带来的诸多不便；可以通过水分检测单元在下雨天自动关闭窗户；可以通过空气质量监测仪单元在出现失火或泄漏煤气浓度超过一定范围时自动开窗，自动适应不同环境条件下窗户的开合要求。

九、实物图

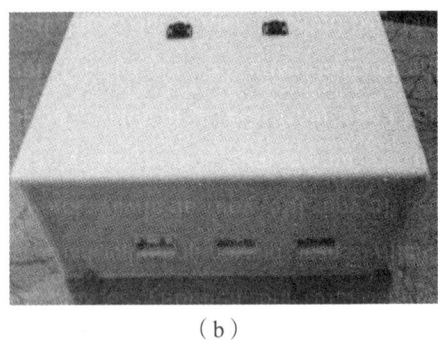

（a）　　　　　　　　　　　　　　（b）

图 15　实物图

参考文献

[1] 陈新芬，邱小华，金琦淳，等. 基于单片机的智能调光台灯设计[J]. 鄂州大学学报，2022，29(04)：106-108.DOI:10.16732/j.cnki.jeu.2022.04.037.

[2] 任泽明，艾信友，胡凯旋，等. 智能护眼台灯的设计[J]. 科技创新与应用，2018，（13）：91-92.

[3] 周易小暄. 智能台灯设计与制作[J]. 轻工科技，2019，35（12）：81-82.

[4] 贾文辉，陈越超. 智能电子调光台灯设计[J]. 南方农机，2021，52（10）：188-189.

智能家用迷你气象站

***（遵义第一中学 563000）

摘要：

智能家用迷你气象站由 ArduinoUNO 主控板、扩展板、物联网模块、温湿度传感器、三轴加速度计、气压传感器、空气质量传感器、蜂鸣器等硬件组成，其成本低廉，利于安装，使用方便。通过该气象站，用户可以在生活中随时随地了解当前的天气信息和家里空气质量以及温湿度，早上起来能很方便地知道当天的衣服应该怎么搭配。智能家用迷你气象站利用物联网连接互联网，可以准确获取到天气信息，也能将数据传输到云端，使用者可以通过手机查看家里空气质量、气压值和温湿度。它还利用了蜂鸣器模块，在空气质量差或者天气预警时能发出提示声，使用者可以通过敲一敲来停止提示声。这样既提高生活的便捷性，又让我们生活添加了科技感。

关键字： ArduinoUNO；物联网；温度传感器；空气质量传感器；蜂鸣器模块

Abstract:

The intelligent household mini weather station is composed of an Arduino Uno main control board, expansion board, Internet of Things (IoT) module, temperature and humidity sensor, triaxial accelerometer, pressure sensor, air quality sensor, buzzer, and other hardware. It is low cost, easy to install, and easy to use. In your life, you can always know the current weather information and the air quality, temperature, and humidity in your home. It's easy to come in the morning and know what to wear that day. The smart home mini weather station connects to the Internet using the Internet of Things. It can get accurate weather information and also transmit data to the cloud. It also uses a buzzer module to signal poor air quality or weather warnings, which users can tap to stop. This not only improves the convenience of life but also adds a sense of technology to our lives.

Keywords: Arduino Uno; Internet of Things (IoT); temperature and humidity sensor; air quality sensor; buzzer module

一、现有技术

（1）现有家用气象站性能较差并且绝大部分不能远程查看，功能单一。

（2）家用气象站，价格昂贵，并且体积较大，不能进行智能提醒。

二、发明目的与特点

（1）帮助使用者了解天气信息、空气质量、温湿度、气压等信息，并针对重要信息进行智能提醒。

（2）智能家用迷你气象站造价适中，约计150元，大部分家庭能够接受。

（3）智能家用迷你气象站无须安装，插电即可使用，简单方便。

三、设计思路

（1）利用温湿度传感器、气压传感器和空气质量传感器检测相关信息。

（2）将信息传输至ArduinoUNO上进行处理。

（3）通过物联网模块与互联网连接，获取天气信息。

（4）通过物联网模块将空气质量、温湿度、气压等信息以每10秒1次的频率传输至云端。

（5）如果空气质量异常或者天气预警时蜂鸣器将会发出提示音。

（6）可以通过手机来了解家里空气状况。

四、原理图与流程图

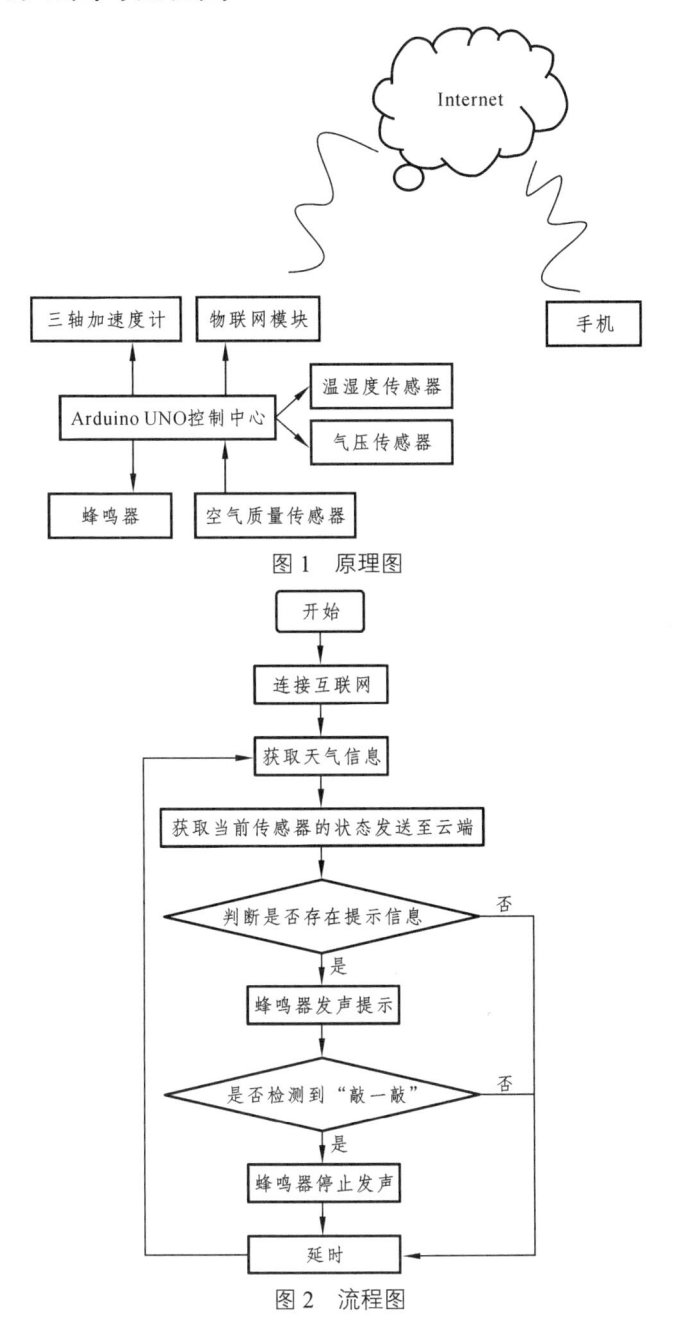

图 1　原理图

图 2　流程图

五、研究过程

（一）材料清单

表1　材料清单

元件名称	数量	备注
7×9万用板	2	
ArduinoUNO	1	
物联网模块	1	
温湿度传感器	1	
蜂鸣器	1	
三轴加速度计	1	
气压传感器	1	
空气质量传感器	1	
USB转TTL模块	1	
DC电源接口	2	
电源线	2	
导线	若干	

（二）用具

Windows系统计算机、安卓手机、电烙铁、胶枪、美工刀、镊子、螺丝刀等。

（三）制作方法

第一步：给物联模块（见图3）烧录固件。首先用导线把USB转TTL模块（见图4）与物联网模块连接好（连接方式见图5），把USB转TTL模块连接到计算机，在计算机上双击"ESP_DOWNLOAD_TOOL_V2.4.exe"图标打开烧写软件（见图6），选择固件上传，烧录成功后弹出如图7所示对话框。

图 3 ESP8266WiFi 模块

图 4 USB 转 TTL 模块

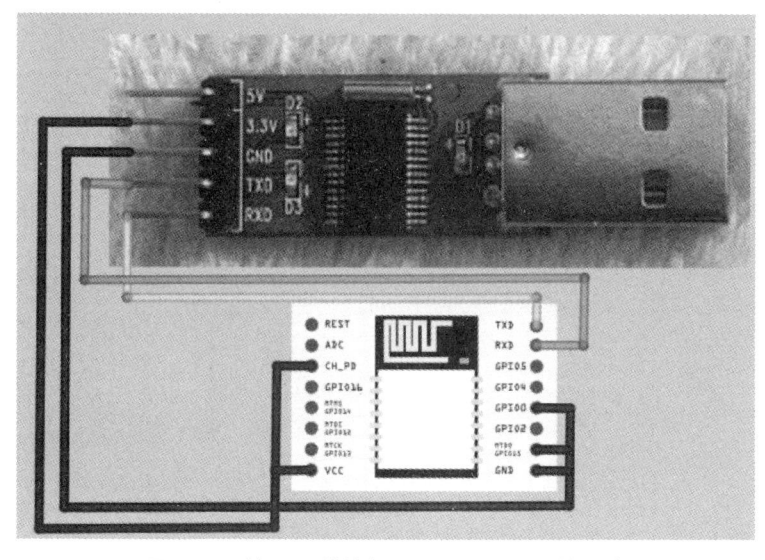

图 5 SB 转 TTL 模块与 ESP8266WiFi 模块连接

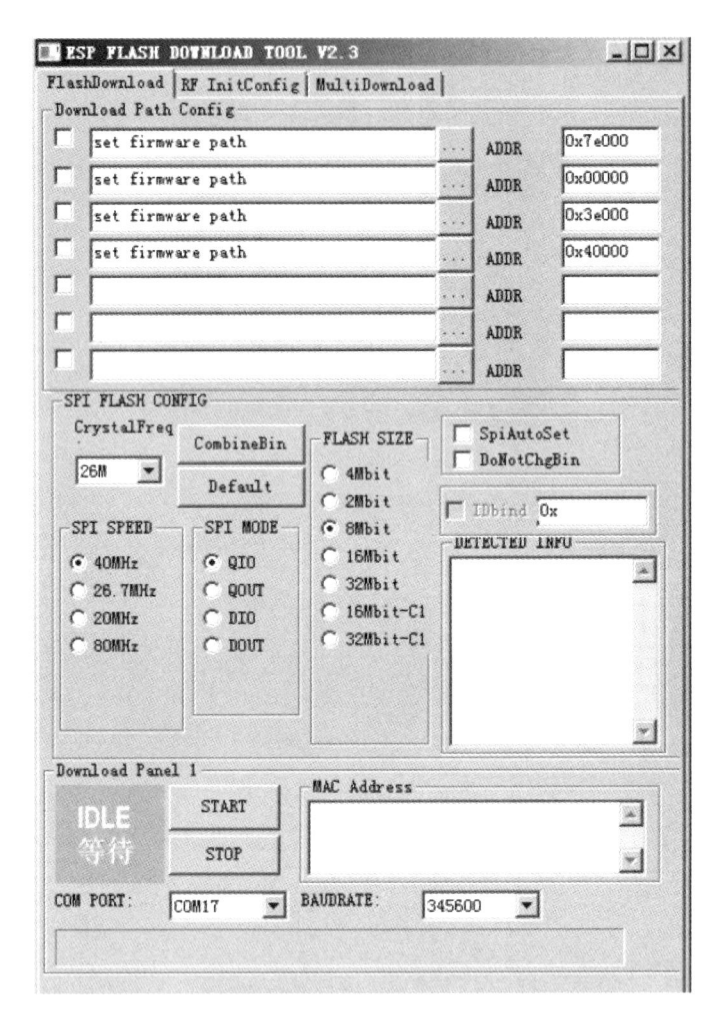

图 6 打开烧写软件

图 7 烧录成功对话框

第二步：将扩展板（见图 8）连接到 ArduinoUNO 板（见图 9）上。

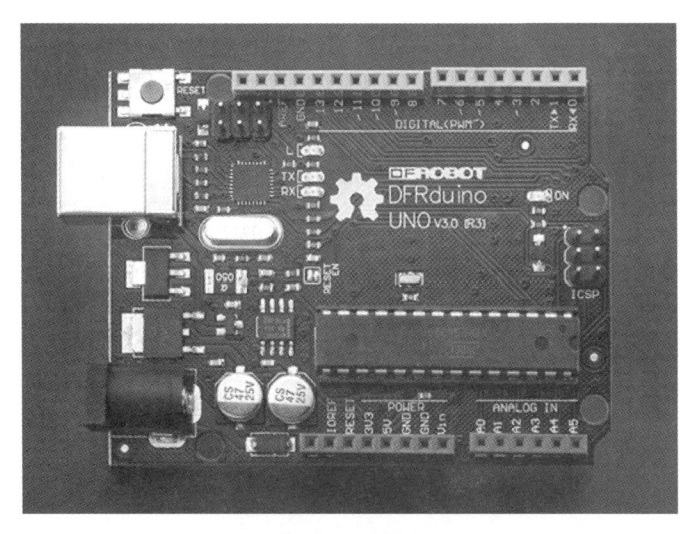

图 8　扩展板

图 9　扩展板连接到 ArduinoUNO 板

第三步：连接 ESP8266WiFi 模块（见图 10、图 11），ESP-12 上有 7 根引线，接线方式如下：

CH_PD ⟵⟶ 面包板 3.3 V；

VCC ⟵⟶ 面包板 3.3 V；

TXD ⟵⟶ Arduino 上的 pin0（RX）；

RXD ⟵⟶ Arduino 上的 pin1（TX）；

GPIO0 ⟵⟶ 面包板 3.3 V；

GPIO15 ⟵⟶ 面包板 GND；

GND ⟵⟶ 面包板 GND。

图 10　ESP8266WiFi 模块

图 11　连接 ESP8266WiFi 模块

第四步：将三轴加速度计（见图12）连接到扩展板上。

图 12　三轴加速度计

第五步：将温度传感器（见图13）连接到扩展板上。

图 13　温度传感器

第六步：将湿度传感器（见图14）连接到扩展板上。

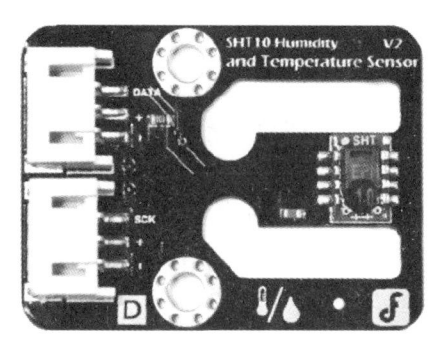

图 14　湿度传感器

第七步：将气压传感器（见图15）连接到扩展板上。

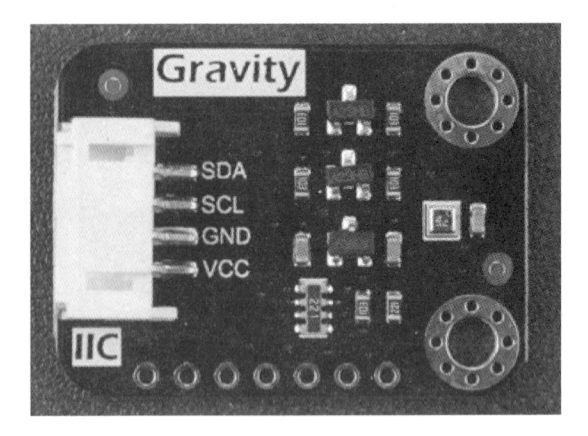

图15　气压传感器

第八步：将无源蜂鸣器（见图16）连接到扩展板上。

图16　无源蜂鸣器

第九步：焊接DC电源接口（见图17）。

图17　DC电源接口

第十步：使用手机打为模组配置WiFi，连接网络。

六、使用效果

智能家用迷你气象站制作成功后，对设备进行了测试、评估、优化，再给用户（我的同学）使用并进行测试，测试结果达到了预期的目标：可以通过互联网准确获取到天气信息，也能将数据传输到云端，使用者可以通过手机查看家里空气质量、气压值和温湿度。其还利用了蜂鸣器模块在空气质量差或者天气预警时发出提示声，使用者可以通过敲一敲来停止提示声。

图 18

七、贡献与展望

贡献：智能家用迷你气象站包含 ArduinoUNO 主控板、扩展板、物联网模块、温湿度传感器、三轴加速度计、气压传感器、空气质量传感器、蜂鸣器等硬件，制作简易，成本低廉，无须安装，插电即用，十分方便。本产品可以方便地给使用者提供天气信息和空气质量等，为生活学习提供了帮助。

展望：在之后的改进中可以把该设备接入智能家居系统，与其他设备协同工作。

参考文献

[1] 杜雨晴. 可视化天气预报器研究报告[J]. 科技传播，2018，10（24）：170-171.

[2] 江显群,陈武奋,邵金龙.基于公共天气预报的参考作物腾发量预报[J/OL].排灌机械工程学报：1-5[2019-12-17].http://kns.cnki.net/kcms/detail/32.1814.TH.20191206.1311.008.html.

[3] Daglis T, Konstantakis K N, Michaelides P G et al. The forecastingability of Solarand Spaceweather Dataon NASDAQ's Finance Sector PriceIndex Volatility[J]. Researchin International Businessand Finance, 2019.

[4] Jandaghian Z, Berardi U. Analysis of the cooling effects of higher albedo surfaces during heatwaves: coupling the Weather Research and Forecasting model with building energy models[J]. Energy&amp, Buildings, 2019.

[5] 姜莹.短时临近天气预报在农业气象服务中的应用[J].农业技术与装备,2019(11):50-51.

[6] 王瑞琦.基于 Arduino 的智能家居系统设计[J].国外电子测量技术,2019,38(09):147-151.

[7] 张梦瑶.基于 Arduino 智能家居及健康监测系统设计[D].沈阳:沈阳师范大学,2019.

[8] 李冠锐,沈炎斌,吴伟华,刘华强,牛振乾.室内空气质量监测装置的设计与实现[J].福建电脑,2019,35(04):86-87.

[9] 杨洋,杨亚东.基于Arduino的多参数室内空气质量监测系统研究[J].无线互联科技,2019,16(07):45-46.

[10] 袁振华,王本有,常志强.基于arduino的智能家居系统开发设计[J].电子技术,2018,47(11):95-97.

[11] 杨宏斌,常若葵,王远宏,等.基于STM32和Arduino的智能花盆系统设计[J].黑龙江农业科学,2018(10):170-171,192.

[12] Pelliccia L, Schumann M, Dudczig M, et al. Implementation of tactile sensors on a 3-Fingers Robotiq®adaptive gripper and visualization in VR using Arduino controller[J]. ProcediaCIRP, 2018: 67.

[13] 郑旭,颜孟凡,王娟娟,等.基于Arduino的远程环境监测系统的实现[J].中国新通信,2018,20(13):30.

[14] 李抒澄,刘培敏,程润泽.基于Arduino空气质量检测器开发[J].科学技术创新,2018(14):62-64.

[15] Biotechnology-Biomedical Engineering. Researchers from University of Limerick Provide Details of New Studies and Findings in the Area of Biomedical Engineering (Arduino control of a pulsatile flow rig)[J]. Biotech Week, 2018.

"懒人"温度监控系统

***（遵义第一中学 563000）

摘要：

本温度监控系统通过无线传输技术实现了温度数据的实时采集，为老年人和残疾人的生活带来了安全与便利。该系统能够替代人工监护，通过无线温度报警器确保用户安全。它不仅让在外工作的家人感到安心，也使得无人照料的老人和残疾人能够无忧无虑地生活，无须担心接触物体的安全问题，从而产生了一定的社会和经济效益。

本产品融合了 DS18B20 温度传感器、单片机、NRF24L01 无线传输模块等关键组件，是一款创新的温度检测器，专为家中老人使用。在测量范围内，这款无线温度传感器具有高精度、低功耗和高性价比，非常适合作为家庭温度监测系统，展现出广阔的应用前景和发展潜力。

关键词： 温度监控；无线传输

Abstract:

This temperature monitoring system facilitates the collection and wireless transmission of temperature data, enhancing the safety and convenience of life for the elderly and disabled. Wireless temperature alarms can effectively replace human supervision. Not only does it provide reassurance for family members who are working away from home, but it also offers peace of mind to elderly and disabled individuals who lack personal care, allowing them to eat and interact with their environment without concerns about touching objects. This system offers significant social and economic benefits.

The product incorporates a DS18B20 temperature sensor, a microcontroller, an NRF24L01 wireless transmission module, and other related components to design and develop an innovative temperature detector that is well-suited for elderly individuals at home. Within its measurement range, this wireless temperature sensor boasts high precision, low power consumption, and excellent cost-effectiveness, making it an ideal choice for home temperature measurement systems. It holds promising prospects for application and development.

Keywords: temperature monitoring; wireless transmission

一、现有技术

目前关于温度检测相关的技术很多，有的过于简单，测量值与实际值之间相差较大，没有实用价值；而测量比较准确的技术复杂，价格昂贵，不宜普及；也有很多不具备无线传输功能，在实际应用中有很大限制，使用起来十分不方便。

二、发明目的

目前，对老年人和残疾人的关爱成为社会中越来越重要的话题。而那些无人照顾的老人和残疾人在需要使用物品或食用食物时，因不能准确了解温度大小而经常引发不同程度的烫伤事故。

在饮水或吃饭前，想要知道温度高低，就需用皮肤感知，而老年人和部分残疾人却因身体机能问题，不能感知温度的大小，又不能在最适宜的温度下进食，严重时可能还会导致危险发生。为此，我们设计一个无线温度报警器，用户可以根据自己需求设置温度范围，当温度达到要求时发出提示音，为家中无人照顾的老年人和残疾人提供有效的帮助。

三、技术路线

我们采用了通过 DS18B20 温度传感器（见图 1）来实现检测功能，将温度传感器检测的温度传送至单片机，经过单片机处理后得到准确温度，单片机再将数据通过 NRF24L01 无线传输模块（见图 2）发送到接收端，收到数据后再传送给接收端的单片机处理并在液晶屏上显示出来。系统原理如图 3 所示。

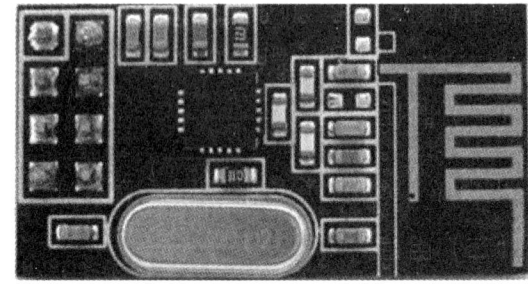

图 1　温度传感器　　　　　　图 2　无线传输模块

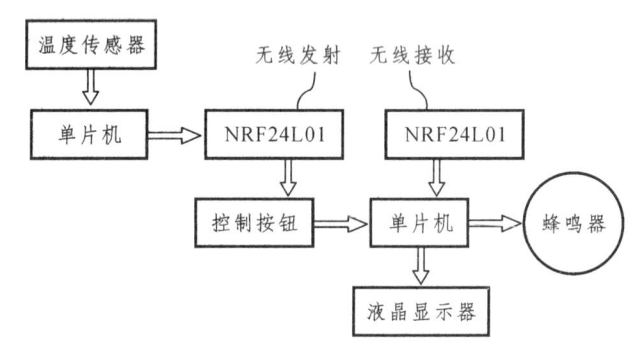

图 3　原理框图

四、发明过程

（一）材料清单

表 1　材料清单

元件名称	数量	备注
7×9 万用板	2	
SCT89C51	2	
40 脚 IC 座	2	
NRF24L01	2	
LCD1602 液晶	1	
LM1117	2	

续表

元件名称	数量	备注
DS18B20	1	
16p 母座	1	
16p 排针	1	
有源蜂鸣器	1	
9012 三极管	1	
22 μf 电解电容	4	
10 kΩ 电阻	4	
1.5 kΩ 电阻	1	
2.2 kΩ 电阻	1	
103 排阻（10 kΩ）	2	
3 mm LED	4	2 红、2 黄
按键	3	
12 Mhz 晶振	2	
30 pF 瓷片电容	4	
自锁开关	2	
DC 电源接口	2	
电源线	2	
电池盒	2	

（二）用具

电烙铁、胶枪、美工刀、镊子、螺丝刀。

（三）制作方法

第一步：焊接接收端的 40 脚 IC 座和 103 排阻（10 kΩ），实物如图 4 所示，原理如图 5 所示，并在 IC 座内焊接两个 30 pF 瓷片电容和 12 MHz 晶振，原理如图 6 所示。

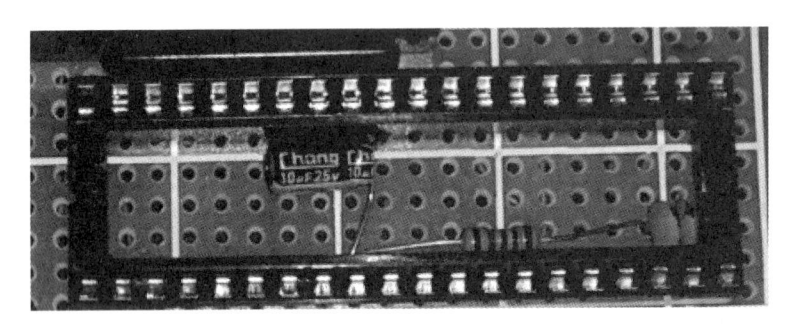

图 4　焊接实物

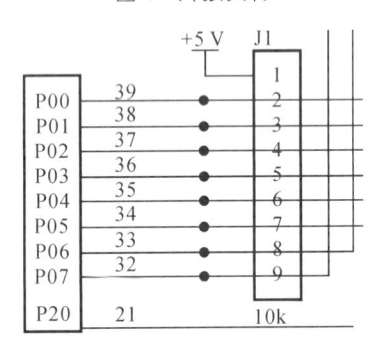

图 5　焊接 40 脚 IC 座和 103 排阻工作原理

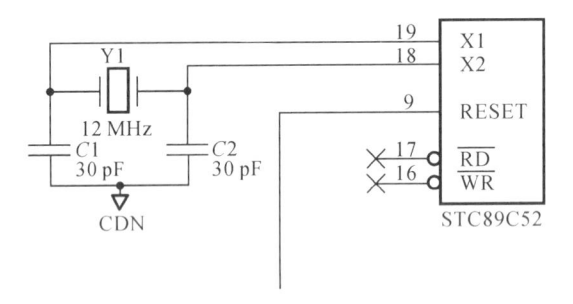

图 6　焊接两个瓷片电容和晶振工作原理

第二步：焊接液晶显示器插座和相关元件，实物如图 7 所示，原理如图 8 所示。

图 7　焊接实物

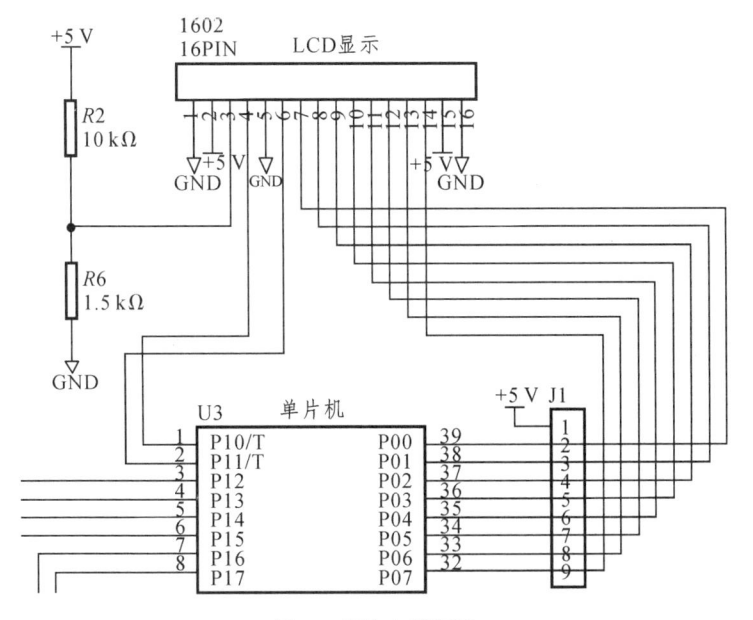

图 8　焊接电路原理

第三步：焊接蜂鸣器，实物如图 9 所示，原理如图 10 所示。

图 9　焊接实物

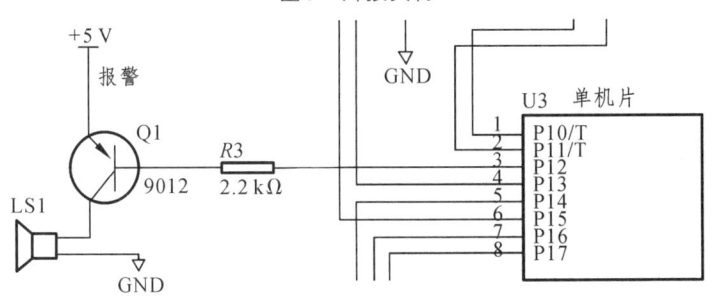

图 10　焊接电路原理

第四步：焊接指示灯和相关元件，实物如图 11 所示，原理如图 12 所示。

图 11　焊接实物

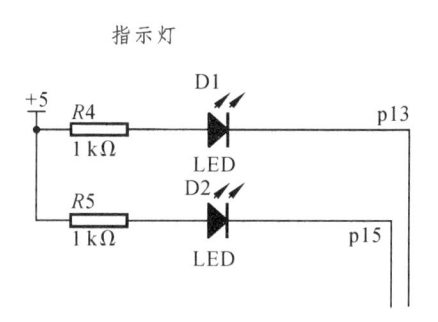

图 12　焊接电路原理

第五步：焊接按键，实物如图 13 所示，原理如图 14 所示。

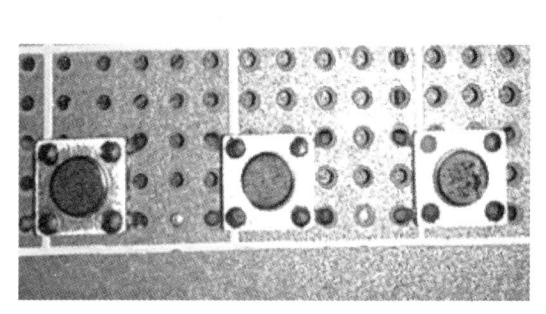

图 13　焊接实物

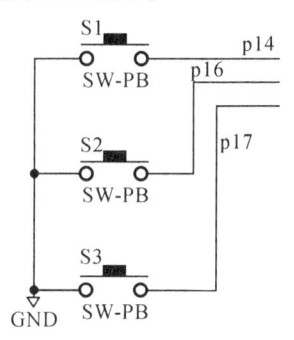

图 14　焊接电路原理

第六步：焊接自锁开关和 DC 电源接口，实物如图 15 所示，原理如图 16 所示。

图 15　焊接实物

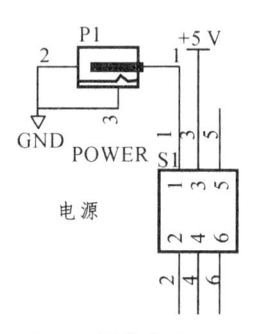

图 16　焊接电路原理

第七步：焊接 NRF24L01 插座和相关元件，实物如图 17 所示，原理如图 18 所示。

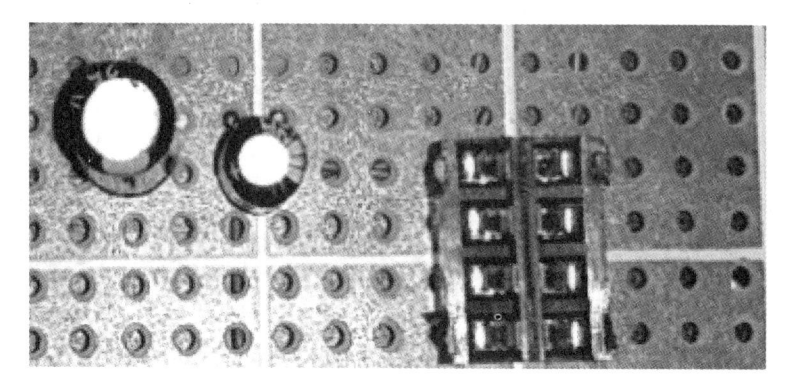

图 17 焊接实物

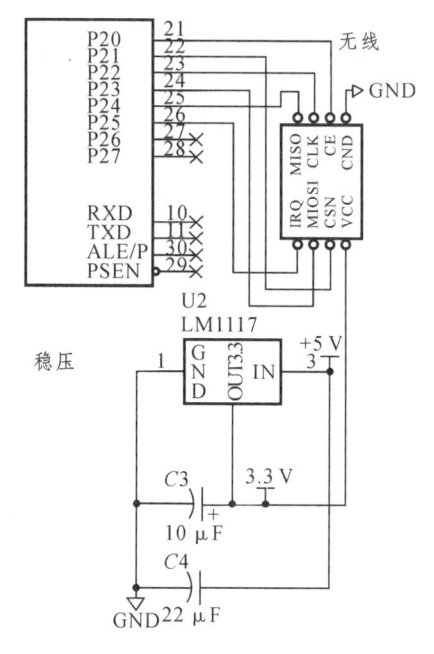

图 18 焊接电路原理

第八步：根据原理图焊接端口并安装相关模块，接收端制作完成，如图 19 和图 20 所示。

图 19　接收端模块正面　　　　　图 20　接收端模块背面

第九步：发送端的焊接与接收端类似，制作完成后如图 21、图 22 所示。

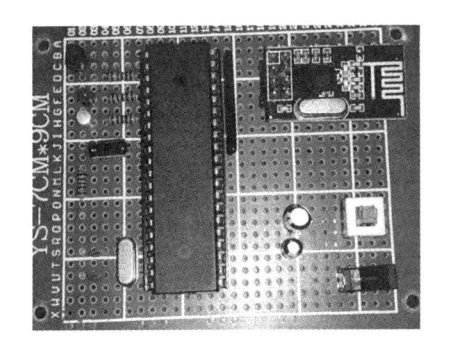

图 21　发送端模块正面　　　　　图 22　发送端模块背面

（四）二代产品

在第一代产品的基础上对硬件的结构进行调整，调整后系统反应更灵敏、准确，同时加上产品外壳，使其使用更方便、安全，如图 23 所示，并在产品外壳上进行美化并标注相应的说明使用户更容易上手。另外，系统增加了防水的功能，如图 24 所示。

五、使用效果

我们挑选了附近几位独自一人在家生活的老人试用了这款新产品，获得了老人们的好评，使他们在日常生活中减少了烫伤等意外情况，让他们在家中能够更安全的生活。本试验产品经济实惠，可以根据用户自己的需求设置报警温度范围和温度检测频率，所以更加人性化。产品制作过程如图 25 所示。

图 23　二代产品实物

图 24　二代产品防水

图 25　产品制作过程

六、贡献与展望

贡献:本产品将采集到的温度经计算机处理得到相应的温度值,送到 LED 显示器并以数字形式显示。整个系统结构紧凑,简单可靠,操作灵活,功能强大,性能好,价格低,满足了人们的需要。本产品旨在为独自在家中生活的老人们减少了因为烫伤等而带来不必要的伤害,使老人们在家中生活更加安全。

展望:在以后的研究中能够研发出检测更多环境信息的仪器,给老人们提供更全面的服务,使老人们能更加安全舒适地生活。

参考文献

[1] 谷志新,王述洋,马雷,等. 无线温度采集系统的设计[J]. 自动化仪表,2010,04.

[2] 肖坤,无线粮仓温度监控系统的设计[D]. 合肥:合肥工业大学,2008.

[3] 陈蕾,曾连荪. 基于 ZigBee 技术的公共场所无线温度采集系统[J]. 现代电子技术,2008,285(22):142-144.

[4] 兰羽,万可顺. 基于 AT89C51 的无线温度采集系统的设计[J]. 国外电子测量技术,2013,32(06):83-85.

精度浇花系统

***（遵义第一中学 563000）

摘要：

自动浇花的技术通过对温湿度的采集与智能控制，实现了工作繁忙的上班族和行动不便的老年人轻松、便捷种植植物的梦想。此技术能对植物自动化、智能化浇水，给人们的生活带来了方便与乐趣。

本文采用了温湿度感应装置、单片机、智能控制器等相关元件，设计研制出了一款新颖的适用于家中、办公室的自动浇水装置。使用时，使用者只需通过按键直接设置或通过蓝牙在智能手机上设置一个适合植物生长的湿度数值，当湿度传感器的数据传输到控制器，经过控制器处理和分析，若接收的数值低于所设置值时，控制器便会自动控制水泵浇水。本产品可通过直接接通插头或太阳能板提供电源，耗能较低，性价比较高，具有较好的应用及发展情景。

关键词： 自动浇水；温湿度感应；控制器；自动控制；性价比

Abstract:

The technology of automatic watering has achieved the collection of temperature and humidity data, and through intelligent control, it has realized the dream of easy and convenient plant cultivation for people who frequently travel, busy office workers, and elderly people with limited mobility. This technology automates and intelligentizes the watering process, making it a permanent solution for plant cultivation and bringing great convenience and more enjoyment to people's lives.

This product incorporates temperature and humidity sensing devices, microcontrollers, intelligent controllers, and other related components to design and develop a novel automatic watering device suitable for homes and offices. In use, users simply need to manually set the humidity level suitable for plant growth through buttons or via Bluetooth on their smartphones. When the data from the humidity sensor is transmitted to the controller, the controller processes and analyzes it. If the received value is lower than the set threshold, the controller will automatically activate the water pump to water the plants. This product can be powered either by directly connecting to a power outlet or a solar panel, offering high automation and intelligence, low energy consumption, and high cost-effectiveness. It has promising applications and development prospects.

Keywords: automatic watering; temperature and humidity sensing; microcontrollers; intelligent control; cost-effectiveness

一、现有技术与本发明创新点

（一）现有技术

目前关于自动浇花的技术多种多样，有的过于简单，如让水流缓慢流入土壤，比如农田灌溉，有的则是定时浇水，但土壤中的温湿度变化复杂，仅凭上述技术并不能满足种植的需求。并且现有的智能浇水系统价格较昂贵，不宜普及。

（二）本发明创新点

（1）本发明安装了温湿度感应装置，实现了对土壤温湿度的实时采集，并连接了控制器，实现了自动化。

（2）本发明配有蓝牙装置与按键控制装置，适合具有不同操作习惯的人群。

（3）本发明是一套完整的系统，对于在办公室和家庭中种植植物均能发挥很好的作用。

二、发明目的

目前，人们的生活越来越趋向自动化，智能化。许多年轻人都喜欢在家中或办公室种上一些植物，但存在因繁忙的工作生活而无暇顾及的问题，对于部分老年人则是因为行动不便而不能很好照顾。

本产品实现了浇花自动化，使工作繁忙的上班族以及行动不便老年人实现了轻松种植植物的梦想，生活更具乐趣，给人们的生活带来了方便。

三、发明过程

（一）材料清单

表1 材料清单

序号	名称	数量	备注
1	Arduino 控制器	1	
2	土壤湿度传感器	1	
3	显示屏	1	
4	温湿度传感器	3	
5	微型水泵	3	
6	水管	1	
7	花盆	1	
8	导线	若干	
9	其他废旧材料	若干	
10	蓝牙设备	1	使用时与智能手机连接

（二）用具

电烙铁、美工刀、镊子。

（三）制作方法

第一步：焊接控制器（见图1）的引脚。

第二步：连接控制器和温湿度传感器（见图2）。

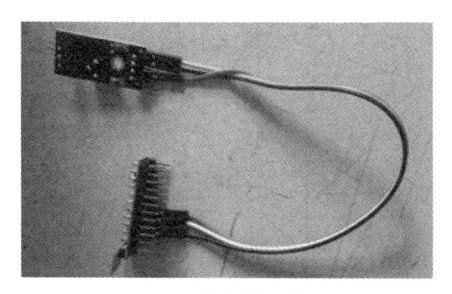

图1 控制器实物

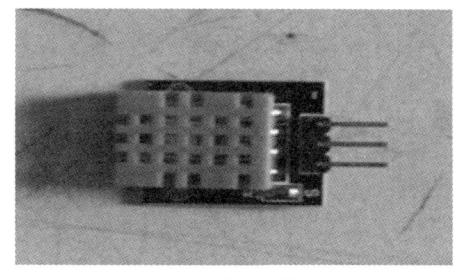

图2 温湿度传感器实物

第三步：连接控制器和湿度传感器（见图3）。

第四步：连接控制器和水泵（见图4）。

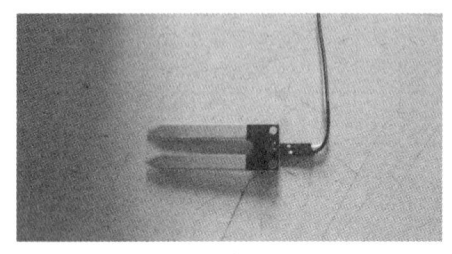

图3　湿度传感器实物　　　　　图4　水泵实物

第五步：连接控制器和显示屏（见图5）。

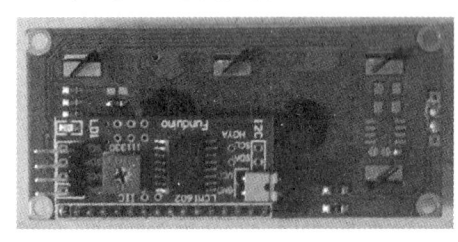

图5　显示器实物

第六步：连接控制器和选择按键。

第七步：连接控制器和电源。

第八步：将控制器、液晶显示屏、湿度传感器和温湿度传感器与控制器的接头处共同安置在一个小盒子里，将小盒子用铁钩子挂在花盆边缘。

第九步：将水泵与水管连接，将水管以一定间距扎孔，并将水管伸入花盆土壤表层，绕成圈状，如图6所示。

图6　将水泵与水管连接

第十步：将盛水的容器放在花盆下底，组装完成，如图 7 所示。

图 7　组装完成实物

四、技术路线

本产品通过温湿度传感装置进行温湿度数据的采集，传输至智能控制器并显示在液晶显示屏上，或通过蓝牙设备传输到手机上显示。用户通过按键盘或手机设置土壤湿度阈值，当数值低于所设阈值时，控制器就会控制水泵自动浇水。

浇水的水管经过了特殊处理，水管尾部被封死，中间以一定距离扎孔，这些孔就是浇水孔，实现均匀浇水的目的。当土壤中温湿度低于所设阈值，系统控制水泵使水缓慢流出，当达到所设置的阈值时，水泵停止工作，水流停止，温湿度感应器继续工作，进行温湿度数据的采集。

五、结构框图与流程图

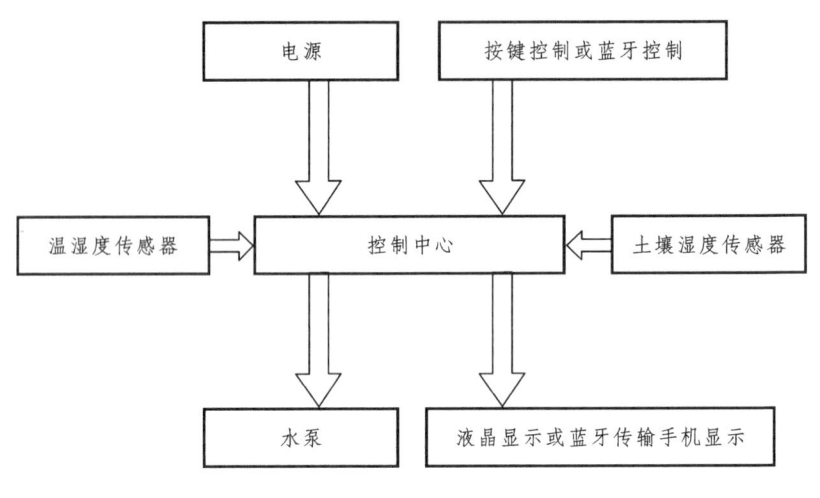

图 8　结构框图

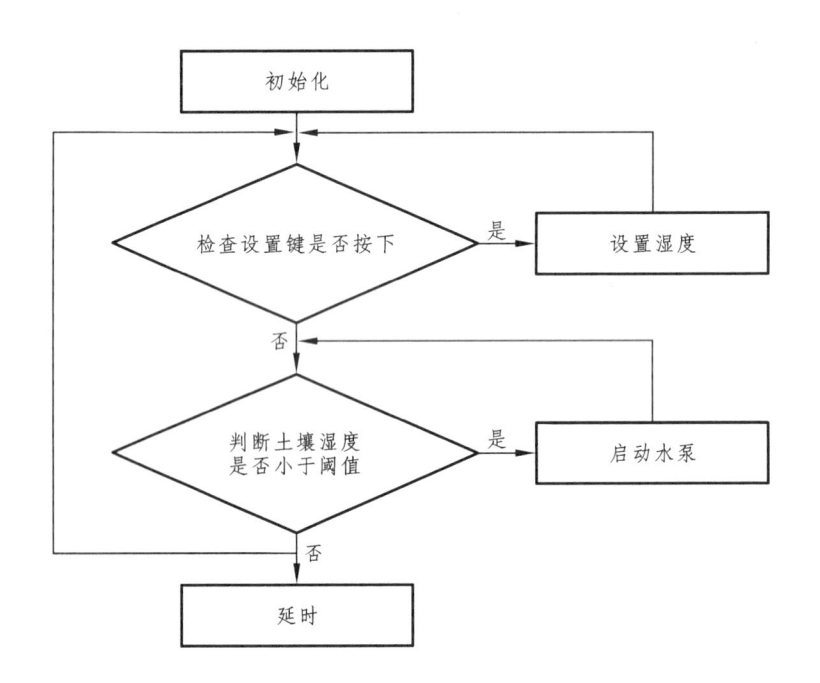

图 9　流程图

六、作品升级

通过参加比赛和与老师、同学们交流后发现产品有许多缺陷，于是对产品进行了升级。在原来的基础上加上外壳即保护电路，保证在使用过程中不被损坏，又更加美观，如图10所示；同时又增加了一路接口（见图11），使得现在可以同时浇两盆花，增强了作品的实用性。后续还会研制可以同时浇多盆花的功能，需要更换性能更强大、接口更多的单片机，但是成本也会增加。

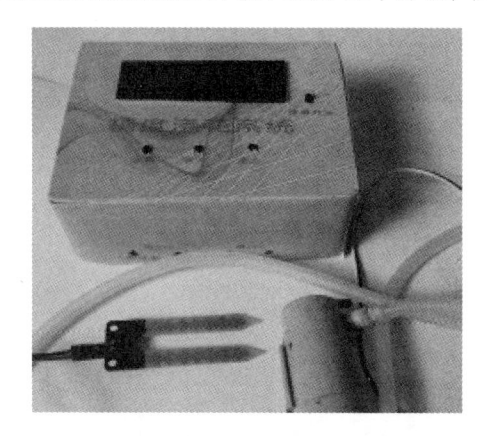

图10　加上外壳

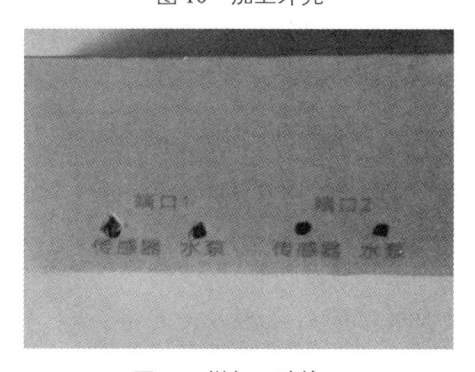

图11　增加一路接口

设置了屏幕开关，当按下屏幕开关按钮（见图12）使屏幕打开时用户就可以看到当前室内的温湿度和土壤的湿度。屏幕会在10 s后自动关闭。数据还可以通过蓝牙设备接收，比如手机或者平板等，使用户使用更加方便。控制器外观如图13所示。

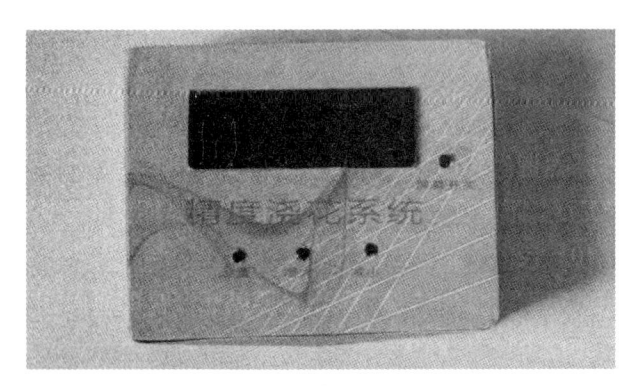

图 12　设置屏幕开关

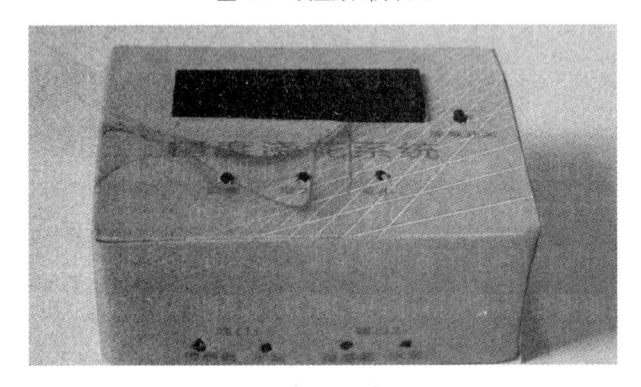

图 13　控制器外观图

七、贡献与展望

贡献：本产品采用温湿度传感器自动采集数据，并传入液晶显示屏或通过蓝牙传输到手机显示，为人们提供实时的温湿度数据。同时数据也会传入控制器，控制器对数据进行分析，进一步控制水泵对温湿度不达标的土壤进行浇水。对于工作繁忙的上班族，行动不便的老年人，本发明实现了其轻松、便捷种植植物的梦想。本产品还可实现大规模的花卉种植浇水，为商家减轻劳动负担，大大提高劳动效率。

综上所述，本产品通过自动实现花卉种植浇水，给人们的生活带来了方便，增加了生活的趣味，具有一定的社会效应和经济效应。

展望：本发明的愿景是实现大规模的农业灌溉和大规模花卉种植，实现农田灌溉的智能自动化。针对农业大规模灌溉，我们可以设计一种全新的输水管，即在水管上以一定的距离设置一个水输出开关，开关由计算机自动控制，在采集到温湿度数据的基础上，实现农田自动定点灌溉，省去大量劳动力，节约水资源，将带来更多的经济效应和社会效应。

参考文献

[1] 施戈，翟娟，潘往丽. 基于单片机的智能浇花系统[J]. 软件，2020，41（11）：145-147，152.

[2] 熊亮，祝爱萍. 家用自动浇花机的设计[J]. 宁夏工程技术，2013，12（01）：18-19.

[3] 梁健权，于凤梅，冯粤松. 基于Android控制的智能浇花系统设计[J]. 机电工程技术，2020，49（07）：102-104.

[4] 桂彩云，党学立，王娟. 智能自动浇花系统设计[J]. 电子测试，2019（13）：32-34.

[5] 何伟. 智能浇花系统的设计与实现[J]. 数码世界，2019（05）：118.

[6] 丁维丽，王雪妍，王天龙，陈秀艳. 基于单片机和传感器的智能浇花器设计[J]. 无线互联科技，2018，15（23）：50-51.

[7] 徐慧芳，何雨阳，易栋霖. 基于单片机的室内智能浇花系统设计[J]. 洛阳师范学院学报，2018，37（02）：7-9.

[8] 杨潞霞. 基于Arduino的智能浇花系统设计与实现[J]. 山西电子技术，2017（06）：46-49.

[9] 刘川，张小成，高进渊，等. 智能自动浇花系统的控制设计研究[J]. 科技视界，2015（18）：87-88.

[10] 陈永斌，杨文喆，邵恩乐，等. 家用智能浇花装置的研制[J]. 硅谷，2014，7（21）：10，15.

[11] 刘须悦，王豆，沈照远. 基于Arduino控制的智能浇花系统的研制[J]. 黄河科技学院学报，2019，21（05）：85-87.

智能图书管理系统

***（遵义第一中学 563000）

摘要：

人工智能是将人类从危险、繁重和枯燥的工作中解放出来的主要途径，现在校园中实行的"自觉登记"借阅书籍极大程度地依赖大家的自觉性，不便于管理与清查。用智能图书管理系统可以很好地解决这个问题，通过刷卡借阅的形式可以防止书籍的丢失，只有在刷卡成功后才能借书，用户的各种操作都会被记录下来，包括借阅的书籍和对应的用户以及借阅书籍的量。通过传感器感受书的存在，通过 NFC 贴片可以准确识别出书对应的 ID，取走的每一本书都会与相应的用户对应记录下来，还书时借阅者只需把书放进出入口，系统会自动识别出书的 ID 并判断是否属于该书柜的书籍，书柜通过物联网把变化信息实时发送到网络，用户可以远程进行查询，还可以查询到每个同学的借阅情况和每种图书的借阅量，通过这些可以分析学生的阅读情况和喜欢的书籍，为后续采购图书提供参考。

关键词：智能图书管理系统；NFC；物联网；查询；分析

Abstract：

Artificial intelligence is a primary method for reducing complexity. Currently, the "conscious registration" system for borrowing books relies heavily on individuals' conscientiousness, which is difficult to manage for inventory purposes. Artificial intelligence can effectively solve this problem. The method of borrowing books by swiping a card can prevent the loss of books. Books can only be borrowed after the card is successfully swiped, and the user's various operations will be recorded, including the books borrowed, the corresponding users, and the number of books borrowed. Through sensors that detect the presence of a book, the book's ID can be accurately identified via an NFC patch, and each book's checkout will be recorded corresponding to the specific user. When returning a book, the borrower only needs to place the book in the entrance and exit area, and the system will automatically identify the book's ID and determine whether it belongs to the bookcase. The bookcase sends change information to the network in real time through the Internet of Things, allowing for remote queries. You can also query the borrowing situation of each student and the borrowing amount of each book. Through these data, you can analyze students' reading habits and favorite books to provide a reference for subsequent book purchases.

Keywords: library management; NFC technology; Internet of Things; data analysis

一、创意来源

在辅导学生创作作品时，学生往往不知如何下手，更不知道能实现些什么功能，最终的效果怎么样，于是结合学校图书管理实际，设计一智能图书管理系统，希望给学生一定的启发。学校的图书借阅采用"自觉登记"的方法来管理，但是，仍然存在错记、漏记的情况，即使登了记，要一页一页地找到书籍并检查是否归还也非常麻烦。同时排队登记效率较低又浪费时间，尤其在学习压力越来越重的高中，因此会影响到学生的借阅积极性。近年来诸如"无人餐厅""无人售货机"等的无人化设备、系统逐渐走入人们的生活，给其带来了许多便利。基于上述情况，本文设计了"智能图书管理系统"这个作品，来帮助人们管理图书。

二、设计思路

该实验资源包括三方面：结构设计，电子元件的用法和示例程序。书柜采用透明设计，学生能很清楚地看到每个元件和结构，方便观察各部分是怎样工作的，帮助理解学习过的知识，学生可以使用示例程序或者自行设计编写程序来完成实验。该系统用刷卡来打开书柜门，所以只要拿走书籍就一定会留下记录，消除了"自觉登记"的不便。记录的信息不仅有借书的用户和数量，还书时必须要还到指定的书柜，从而保证了书籍位置的有序。系统设有书籍专用出入口，学生不用去记书的具体位置。显示屏时时显示书柜内的书本量，不存在找书难的情况。

三、实验过程

（一）材料清单

表 1 材料清单

序号	名称	数量	备注
1	ArduinoUNO 板	2	
2	ArduinoUNO 扩展版	1	
3	步进电机驱动扩展板	1	
4	OLED 显示屏	1	
5	物联网模块	1	
6	步进电机	2	
7	语音模块	1	
8	蜂鸣器	1	
9	RC522IC 识别卡	1	
10	NFC 近场通信模块	1	
11	NFC 标签	6	
12	数字大按钮	5	
13	轻触开关	4	
14	杜邦线	若干	
15	电源模块	1	
16	其他废旧材料	若干	

（二）实验步骤

（1）将扩展板（见图 1）接到 ArduinoUNO 板（见图 2）上。

图1　扩展板　　　　　　　　图2　ArduinoUNO板

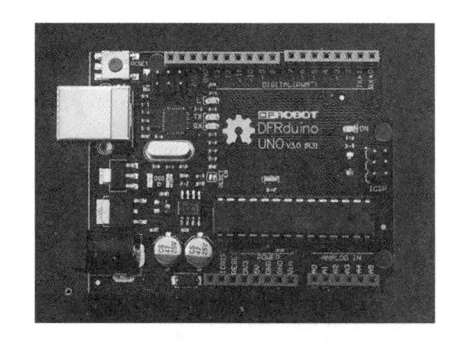

（2）将数字大按钮模块（见图3、图4）连接到扩展板上。

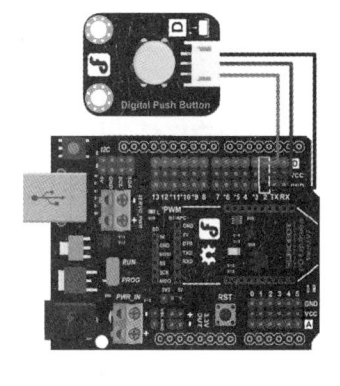

图3　数字大按钮模块　　　　图4　数字大按钮模块连接到扩展板

（3）将物联网模块（见图5）连接到扩展板上。

图5　物联网模块

（4）将步进电机（见图6）连接到扩展板上。

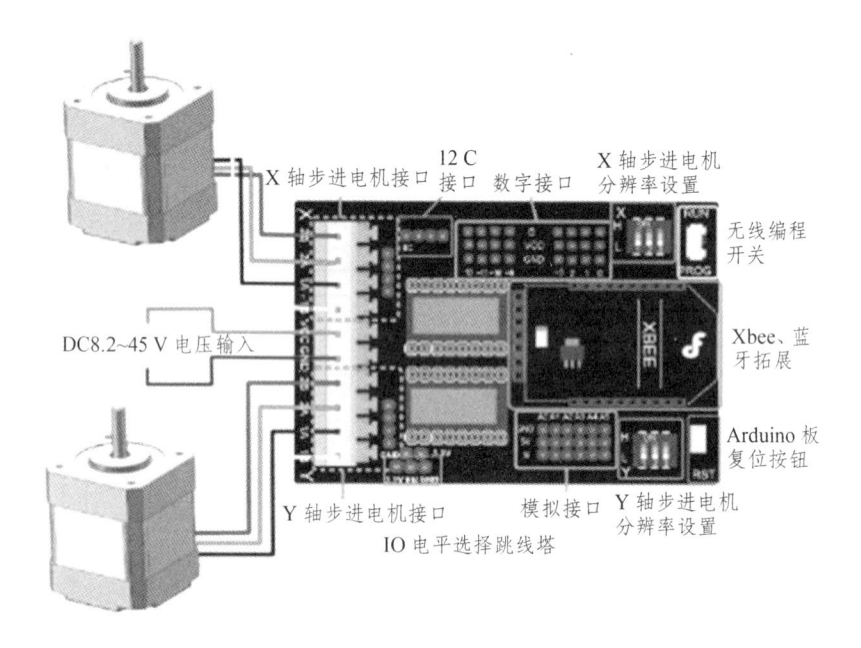

图6　连接步进电机到扩展板

（5）将OLCD显示屏（见图7、图8）连接到扩展板上。

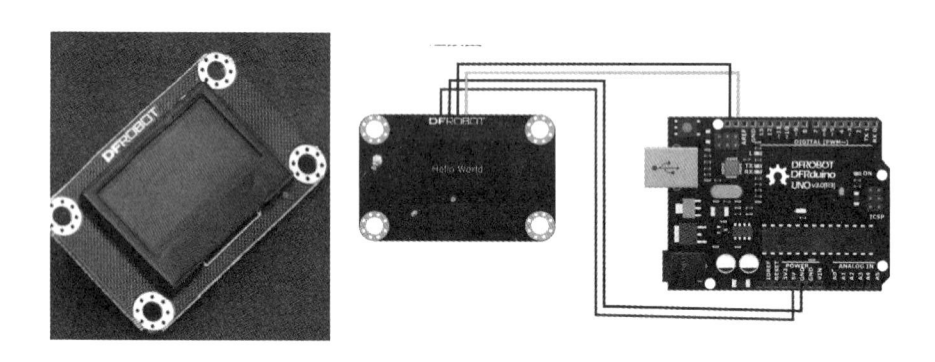

图7　OLCD显示屏　　　图8　OLCD显示屏连接到扩展板

（6）将轻触开关（见图9）连接到扩展板上。

图 9 轻触开关

（7）将 RC522IC 识别卡模块（见图 10）连接到扩展板上。

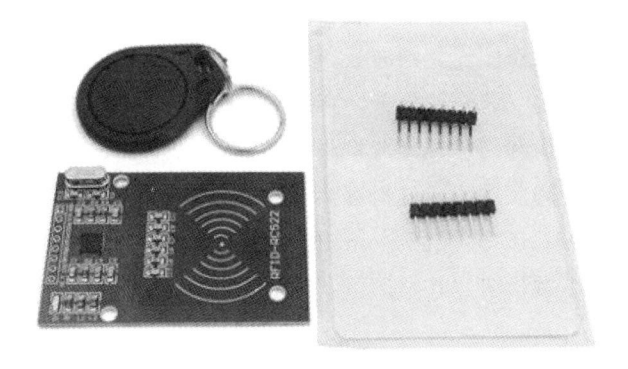

图 10 RC522IC 识别卡模块

（8）将蜂鸣器模块（见图 11、图 12）连接到扩展板上。

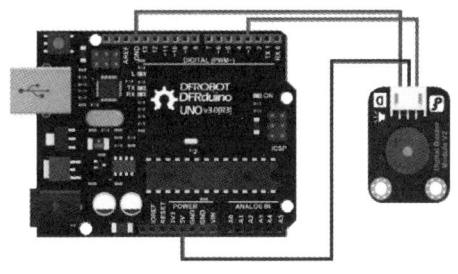

图 11 蜂鸣器模块　　　　图 12 蜂鸣器连接扩展板

（9）将 NFC 近场通信模块（见图 13）连接到扩展板上。

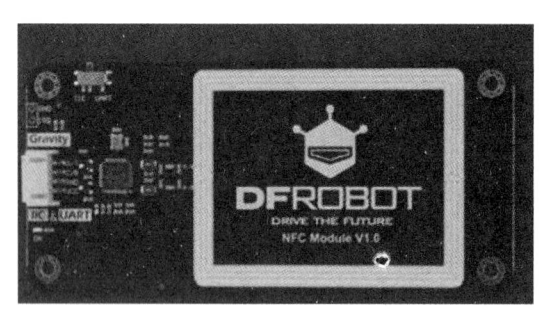

图 13　NFC 近场通信模块

（10）对书柜的外观进行设计，确定各个组成部分的尺寸。
（11）使用专用胶水对有机板进行粘连。
（12）将数字大按钮安装到面板，再在其上方装上显示屏。
（13）在书柜上安装轻触开关，在图书上贴上 NFC 标签。
（14）安装舵机和门的相关滑轮。
（15）安装升降装置，通过步进电机准确把握升降高度。
（16）将 RC522IC 识别卡嵌入书柜内壁上。
（17）安装电源模块，并将接口嵌入书柜下部。

四、作品描述

整个书柜由有机板拼接制成，大致分为两个空间，一边用来存放书籍，一边用来存放相关电子元器件，保证了整体的美观。每一个放书的位置下都是一个轻触开关，可以精确地感受书的拿取，且每一本书都具有唯一的 ID 号，将书籍的借阅情况与 ID 号绑定，还书时的用户必须把书放在指定的书柜。刷卡接收模块读取所用磁卡的用户账号以及对应信息，如卡的合法性，借书记录，书柜内是否有书可借等，判断后给予提示。刷卡后，用户可以通过按钮对显示屏上显示的菜单进行操作，每一步都有详细的操作说明，所以只要拿走书籍就一定会留下记录，消除了"自觉登记"的不便。记录的信息不仅有借书的用户和数量，还有专用图书出入口，借书还书都在出书口操作，极大地方便了用户与管理员的操作。

五、创新点

（1）该作品采用透明设计，方便使用者观察学习。

（2）学习者通过该作品不仅可以学习传感器基础知识，还能学习一些常用结构设计。

（3）搭配示例程序使学习者能够快速上手，可以学习到从想法到作品制作的全过程。

（4）本系统用智能化的书柜取代了人工清理检查借阅书籍的工作，避免了烦琐的登记，通过网络实时统计相关信息，能为学生阅读习惯分析和图书采购等提供参考。

六、原理图

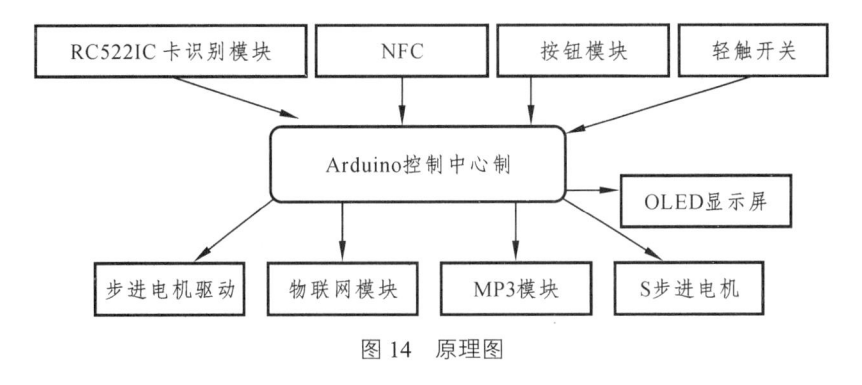

图 14 原理图

七、总结与展望

本系统初步实现了图书借阅的"智能化"，但还有一些缺陷，比如对书的识别不够准确等。未来可以通过在书内植入芯片，或者加入扫描书籍条码环节的方法进行优化，解决该问题。

参考文献

[1] 宫伟佳，吴俊华，莫雨凡，等. 大学生寝室书柜创新设计研究[J]. 家具与室内装饰，2018，232（06）：22-23.

[2] 朱婧，陈于书. 基于人工林木材的书柜实木搁板结构分析[J]. 家具，2017，38（02）：46-49.

[3] 刘俊楠. 基于服务设计理念的校园书籍分享服务系统设计[D]. 沈阳：沈阳航空航天大学，2017.

[4] 李仁勇. 一种多功能书柜CN204032749U[P]. 2014-12-24.

[5] 张爱华，张志强，方辉，等. 图书馆书架自动寻书系统CN104323598A[P]. 2015-02-04.

[6] 管胜波，宋茜. 基于校园一卡通的图书管理系统的设计与实现[J]. 福建电脑. 2017，33（06）：9-11.

[7] 管胜波，张敬泉. 基于C/S和B/S模式的图书管理系统的设计与实现[J]. 现代计算机（专业版），2008，281（04）：114-116.

[8] 杨传崎. 校园图书馆自助借还系统的设计与实现[D]. 长春：东北师范大学，2016.

[9] 柴稳. 基于校园"一卡通"与图书管理系统集成分析[J]. 赤子（上中旬），2014（24）：140.

[10] 宋岳英. 高校校园一卡通与图书管理系统对接问题探讨[J]. 知识经济，2013，271（02）：179.

[11] 何冬梅. 校园自助图书馆系统设计与实现[D]. 秦皇岛：燕山大学，2012.

[12] 李路，何昆. 校园"一卡通"在图书管理系统的应用[J]. 科技视界，2011（04）：147-148.

[13] 陆瑶. 基于校园一卡通的图书管理系统的设计与实现[D]. 成都：电子科技大学，2012.

[14] 杨学利. 基于射频识别（RFID）技术的校园一卡通系统的设计与实现[D]. 长春：吉林大学，2015.

[15] 袁源. 物联网在智能图书管理中的应用[J]. 硅谷，2011，82（10）：151.

智能手势门禁设计

***（遵义第一中学 563000）

摘要：

现在的门禁系统绝大部分采用刷卡结合钥匙开锁的设计，所以人们出门必须要带门禁卡或者钥匙，如果忘记了可能会带来很多麻烦。通过手势解锁技术可以很好地解决这个问题，让业主很方便地出入门。本智能门禁和日常手机屏幕 3×3 手势解锁一样，操作简单；采用 ArduinoUNO 处理器，可以很好保证设备的性能和稳定性；采用红外测距传感器感应手势，使其解锁过程变成一个立体线路图，在解锁过程中用户的手并不需要接触门禁锁，这样变得更加安全和有趣，管理员也可以定期更换密码来保证密码的安全；通过电磁锁来实现开门，整体设计紧凑，可以对现有的门禁进行改装，价格便宜。

关键词： 人工智能；门禁系统；手势识别；Arduino Uno；电磁锁

Abstract

Artificial intelligence is the main way to reduce complexity to simplicity. Most of the current access control system is designed by swiping Cards and adding keys to unlock locks. Therefore, we must take access control Cards or keys when going out. By gesture to unlock the owners can have very convenient access. This intelligent access control system is as simple to operate as the daily 3×3 gesture unlock on mobile phone screens, users can easily to learn and use the Arduino Uno processor, it can guarantee the equipment performance and stability. with infrared distance sensor sensing gestures, the unlocking process becomes a stereo circuit diagram, the user's hands do not need to touch the access control lock in the unlocking process, making it safer and more fun. administrators can also change the password on a regular basis to ensure the security of the password. Through the electromagnetic lock to open the door, the overall design is compact, the existing access control can be modified, cheap and fine.

Keywords: Artificial Intelligence; access control system; gesture recognition; Arduino Uno; electromagnetic lock

一、创意来源

现在的门禁系统绝大部分采用刷卡结合钥匙开锁的设计，所以人们出门必须要带门禁卡或者钥匙，如果忘记了可能会带来很多麻烦，用人工智能可以很好地解决这个问题。通过手势解锁可以让用户很方便地出入。我们在使用手机时可以用手势翻页，并经常使用图案解锁，于是想到了能不能结合两种操作方式来实现该功能，通过查阅文献和询问老师确定了这种立体手势解锁门禁方法，如图 1 所示。

手势翻页　　　　　解锁图案

手势解锁门的原理框架

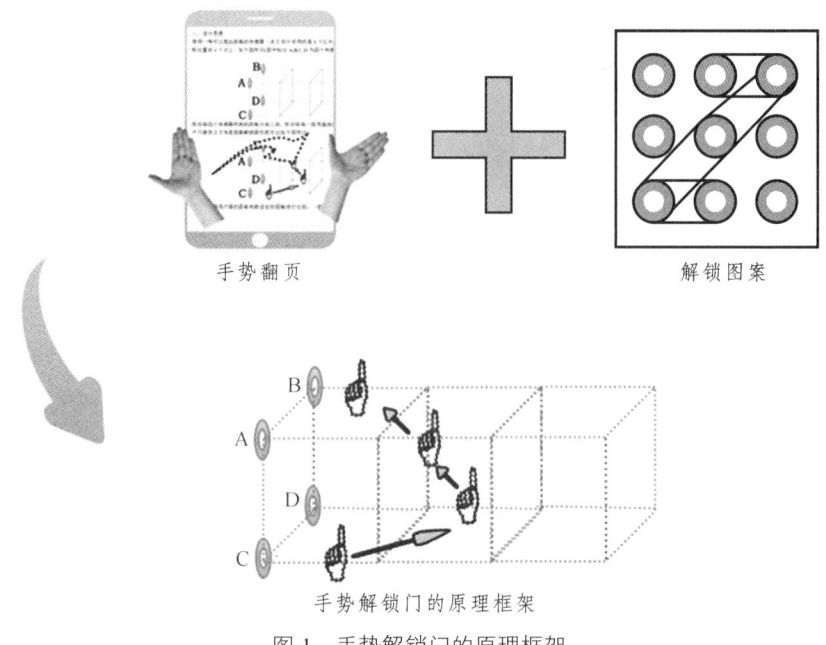

图 1　手势解锁门的原理框架

二、设计思路

使用红外测距传感器分别安装在对称位置的点上，用户解锁时将传感器所测的距离分成段，然后将检测到每一段用虚线连接起来组成一个立方体，用户只要在立方体里面用于画出解锁图，Arduino控制器会根据用户画的图案和设定的图案进行比较，如果一致就会发送指令给电磁锁触发解锁功能，如图2所示。

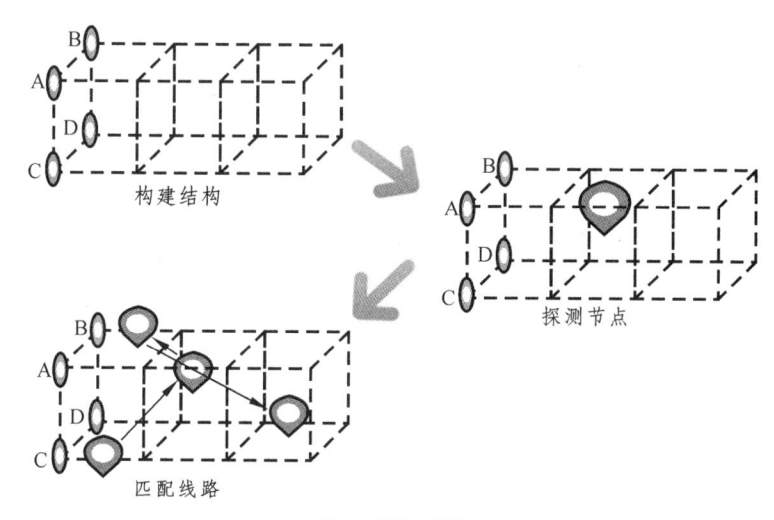

图2 设计思路

三、制作过程

（1）将扩展板（见图3）接到ArduinoUNO板（见图4）上。

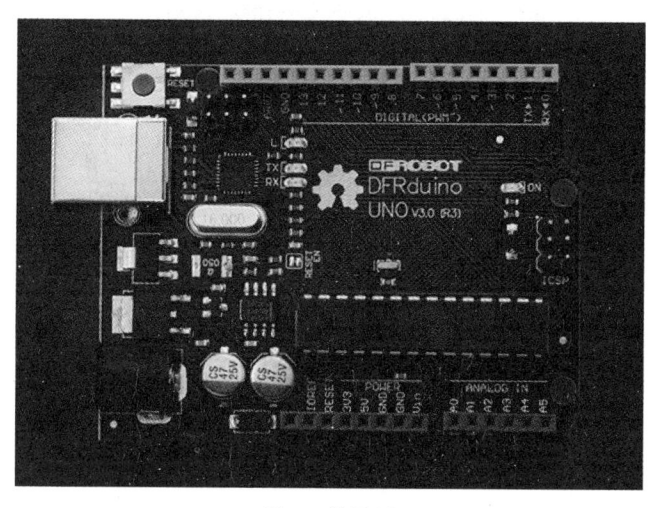

图3 扩展板

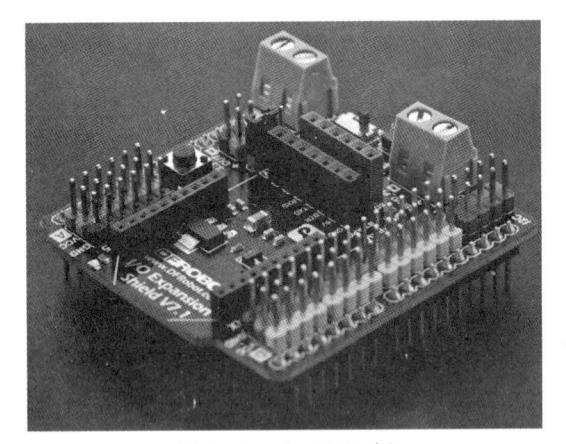

图 4 ArduinoUNO 板

（2）将红外测距传感器（见图 5）连接到扩展板上，如图 6 所示。

图 5 红外测距传感器

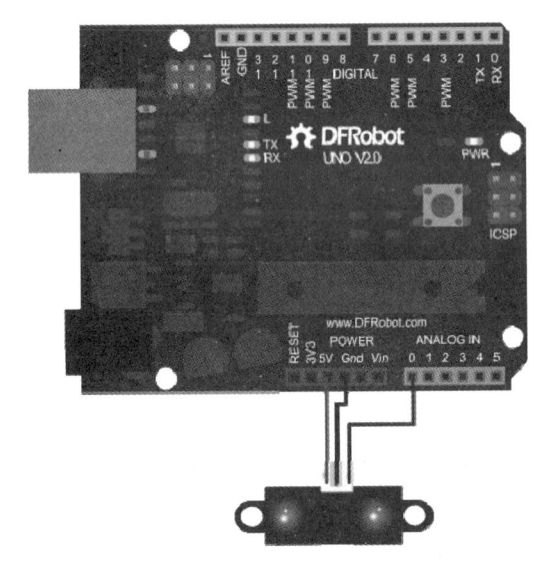

图 6 将红外测距传感器连接到扩展板

（3）将电磁锁（见图7）连接到扩展板上，如图8所示。

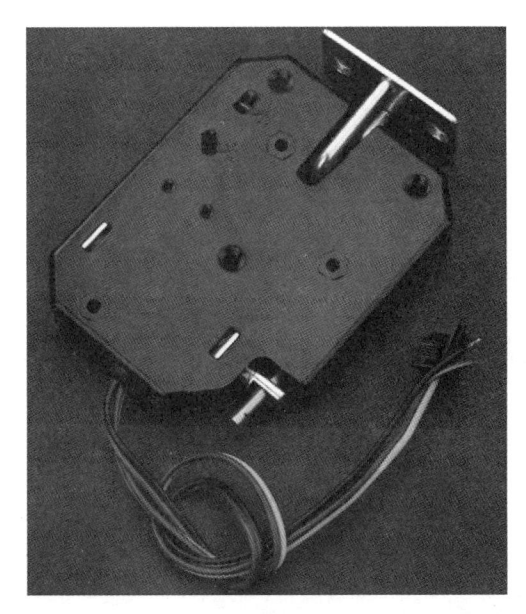

图7 电磁锁

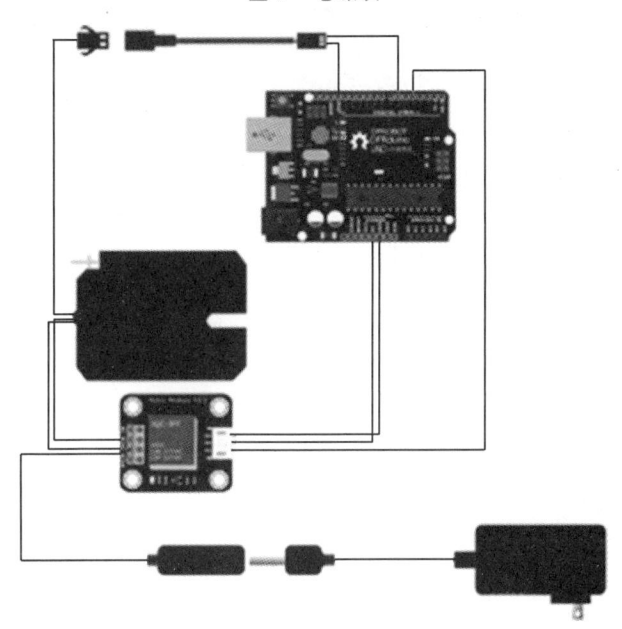

图8 将电磁锁连接到扩展板

（4）将指示灯屏（见图9）连接到扩展板上，如图10所示。

图9 指示灯屏

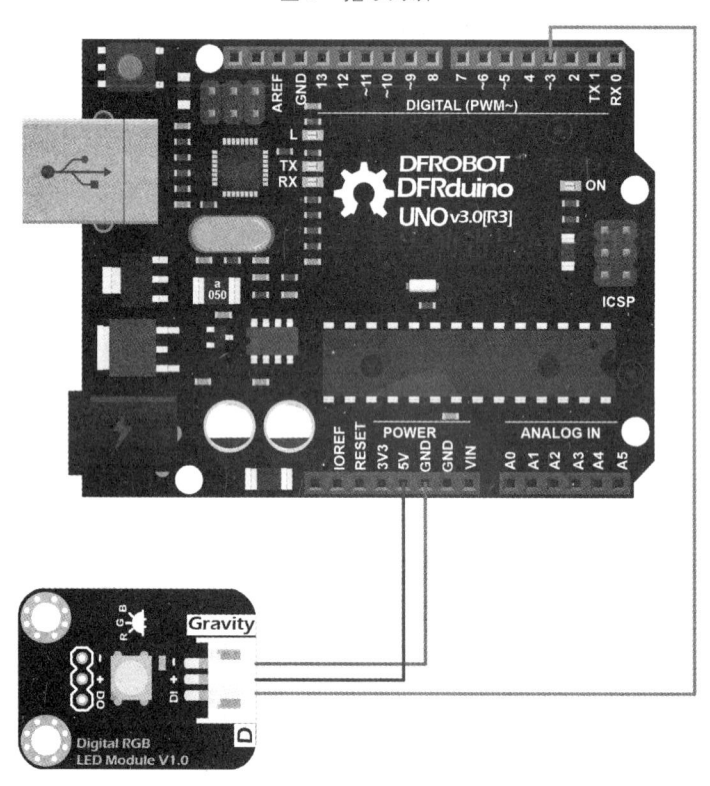

图10 将指示灯屏连接到扩展板

（5）将 LED 灯对应地固定在每一点上。

（6）在门上安装上门磁锁模块。

（7）焊接 DC 电源接口（见图 11），并将接口嵌入模型。

图 11 DC 电源接口

四、实验探究与结果展示

实验探究一：对红外测距与超声波传感器解锁效果对比。

表1 对比红外测距与超声波传感器

名称	检测距离	稳定性	灵敏度
红外测距	500 cm	稳定	灵敏
超声波传感器	200 cm	稳定，有抖动	较灵敏

结论：选用红外测距传感器，其操作性能更好且便于组装。

实验探究二：电磁锁与舵机的使用效果对比。

表2 对比电磁锁与舵机的使用效果

名称	使用效果	体积	安全性能
电磁锁	好	小	好
舵机	一般	小	差

结论：选用电磁锁，其整体效果更佳。

五、作品描述

整个作品由废旧物资制成，通过手势解锁技术可以让业主很方便地出入门。本智能门禁和日常手机屏幕 3×3 手势解锁一样，操作简单；采用 ArduinoUNO 处理器，可以很好保证设备的性能和稳定性；采用红外测距传感器感应手势，使其解锁过程变成一个立体线路图，在解锁过程中用户的手并不需要接触门禁锁，这样变得更加安全和有趣，管理员也可以定期更换密码来保证密码的安全；红外测距传感器分别安装在对称位置的点上（见图12），然后将传感器所测的距离分成段，然后将每一段用虚线连接起来组成一个立方体，用户只要在立方体里面用手势画解锁图，系统会根据用户画的图案来跟设定的图案进行比较，一致的话就会触发解锁功能。通过电磁锁来实现开门，整体设计紧凑，可以对现有的门禁进行改装，价格便宜。

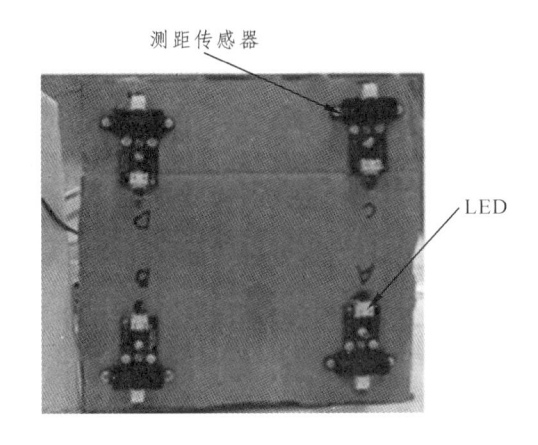

图 12　前期测试图

六、创新点

用智能立体手势来解锁具有一定的创新性和实用性，这种非接触方式能防止使用者在特殊情况下弄脏门锁，并且该门锁可以很方便地替换已有的门禁锁。

七、原理图与流程图

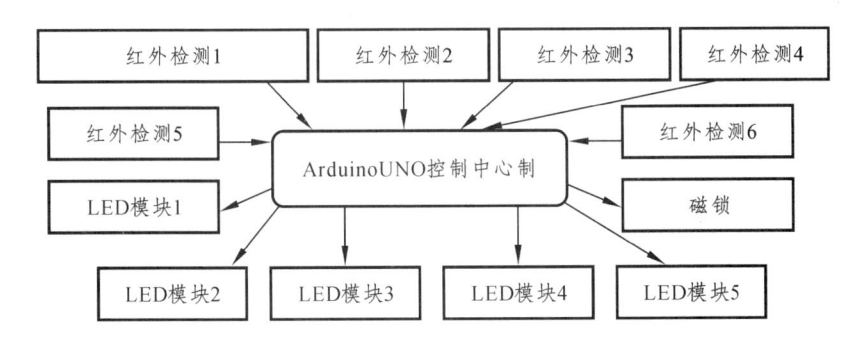

图 13 原理图

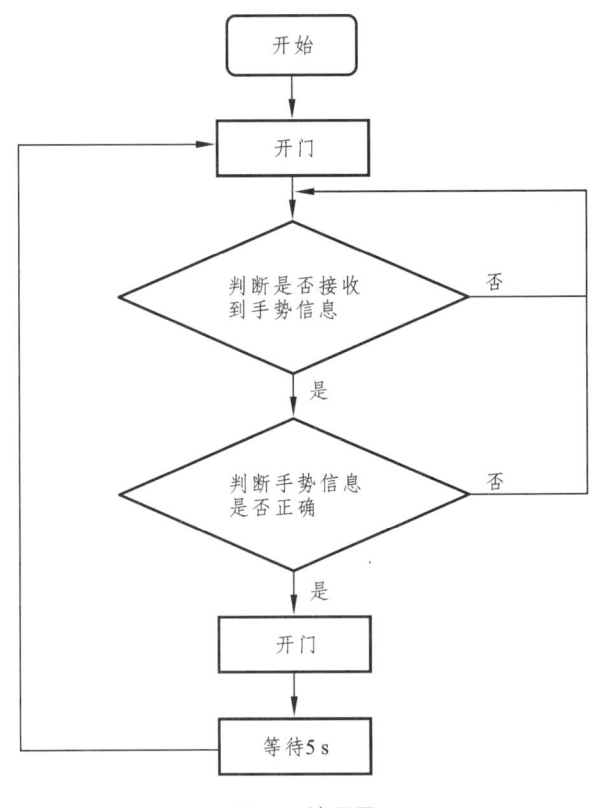

图 14 流程图

八、材料清单

表3 材料清单

名称	数量	备注
UNO 板	1	
扩展版	1	
LED 灯	4	
电磁锁	1	
红外测距传感器	4	
DC 电源接口	1	
其他废旧材料	若干	

九、总结与展望

本报告初步实现了立体手势门禁设计，经过测试，门禁能正常使用，而且安全性能好，造价便宜使用范围广，能有效增强已有门禁的科技感。但还有一些不足，比如体积较大，美感不足，还不能接入物联网，后续还应做进一步提升。

参考文献

[1] 孟傲冬. 基于触摸屏解锁手势特征的用户识别研究[D]. 天津：天津大学，2017.

[2] 卢帅. 基于手机传感器的行为和手势识别的研究与实现[D]. 成都：电子科技大学，2018.

[3] 郑海彬. 手势识别及其应用研究[D]. 南京：南京航空航天大学，2016.

[4] 许文超，昂寅，胡大春. 手势绘图锁的应用研究[J]. 电脑知识与技术，2015，11（24）：28-30.

[5] 朱婧茜. 智能手机滑动解锁的可用性研究与应用[D]. 长沙：湖南大学，2014.

[6] 徐迪. 基于手机传感器的密码原型关键技术[D]. 长沙：国防科学技术大学，2016.

[7] 刘卜瑜. 基于手势识别的智能手机身份认证[D]. 北京：北京交通大学，2018.

[8] 杨丹. 电子图书中的手势翻书设计尝试[D]. 太原：山西大学，2016.

[9] 马国浩，石睿. 应用深度学习的智能门禁系统设计[J]. 福建电脑，2019，35（11）：1-4.

[10] 赵振涛，朱新雨，王俊修，张陆青，朱赫. 基于物联网技术的智能门禁在智慧社区的应用研究[J]. 警察技术，2019（06）：8-10.

[11] 杜永峰. 基于单片机的智能门禁系统设计[J]. 电子制作，2019（21）：77-79，43.

[12] 李海，李媛琼，王秀榕，等. 智能门禁系统[J]. 计算机产品与流通，2019（10）：132.

[13] 耿云婧，宋泓颖，王涵. 基于智能门禁管理系统的社区安全调查研究[J]. 现代商业，2019（20）：156-157.

[14] 胡锋，李峥，石传寿，程克杰. 基于物联网的家庭智能门禁系统的设计[J]. 曲阜师范大学学报（自然科学版），2019，45（03）：76-81.

[15] 杨晶晶. 基于STM32的智能门禁系统的设计[D]. 唐山：华北理工大学，2019.

基于图像学习的垃圾智能分拣系统

*** （遵义市第一中学 563000）

摘要：

本系统旨在使用图像识别技术进行垃圾识别，并对已经识别的垃圾进行自动分类。系统具有超强学习功能，通过学习能识别更多类型的垃圾，还采用语音识别和语音合成功能实现交互，同时采用 NB-LOT 模块实现远程控制和定位。整个产品由有机板拼接制成，可以把垃圾分为可回收垃圾、其他垃圾和有害垃圾三类，用户可以直接把垃圾扔进垃圾桶，也可以把垃圾放在顶上垃圾分类区域。当使用者把垃圾放在垃圾分类口时，系统通过摄像头进行图像识别，如果识别成功，控制器启用垃圾分类程序，把垃圾分入相应垃圾桶；如果识别不了，这时使用者可以通过按键或者语音识别告诉控制器属于什么类型垃圾，等系统学习后下次再放入相同垃圾就能识别了。通过这样不断学习，系统越来越完善，管理者还能远程查看垃圾的状态和所在位置。

关键词： 图像学习；垃圾分拣；学习功能；NB-LOT

Abstract:

Using image recognition technology for garbage recognition, the system can automatically classify the recognized garbage. The system has a super strong learning function, which enables it to recognize more garbage through learning. It also adopts speech recognition and speech synthesis functions, making the system smarter. The NB-LOT module can be used for remote control and positioning. The entire product is made by splicing organic boards, which can divide garbage into three categories: recyclable garbage, other garbage, and hazardous garbage. Users can directly throw garbage into the garbage bin, or place garbage in the top garbage classification area. When the user places garbage in the garbage classification port, the camera will perform image recognition. If recognition is successful, the controller will activate the garbage classification program and divide the garbage into corresponding garbage bins. If recognition cannot be achieved, the user can tell the controller what type of garbage it belongs to through buttons or voice recognition. The same garbage can be recognized the next time. Through continuous learning, the device becomes smarter, and the manager can remotely view the status and location of the garbage. The interactivity of the device has been improved through speech synthesis technology.

Keywords: image recognition; garbage classification; learning function; NB-IoT; speech synthesis

一、研究背景

2019年可以说是中国垃圾分类的元年，因为在这一年住房和城乡建设部等9部门印发《关于在全国地级及以上城市全面开展生活垃圾分类工作的通知》，同时上海垃圾分类于7月1日正式施行。目前普遍使用的分类垃圾桶只是通过颜色和标签指示分类信息，给初次学习和使用垃圾分类的人们带来许多不便。在这样一个大背景下，人们迫切需要一台能够对垃圾智能分类的垃圾分拣系统。本报告设计了一款基于KNN算法的智能分类垃圾系统，既可以帮助大家进行垃圾分类，又可以给大家普及垃圾分类知识。

二、功能简介

（1）本系统基于KNN算法识别垃圾并分类。

（2）将垃圾放入识别区后，垃圾桶智能识别，自动分区投放。

（3）当出现无法识别的垃圾后，系统可以通过按钮和语音识别两种方式进行再次学习。

（4）具有语音播报功能，让垃圾分类投放更简单。

（5）通过NB-LOT模块实现设备的GPS定位和联网，管理人员可以远程查看设备信息。

三、研究思路

1. KNN算法

KNN（K-Nearest Neighbor）作为一个入门级模型，既简单又可靠，对非线性问题支持良好，虽然需要保存所有样本，但是仍然活跃在各个领域中，并提供比较稳健的识别结果。KNN 就是在特征空间中找出最靠近测试样本的 k 个训练样本，然后判断其大多数属于某一个类别，那么将它识别为该类别。

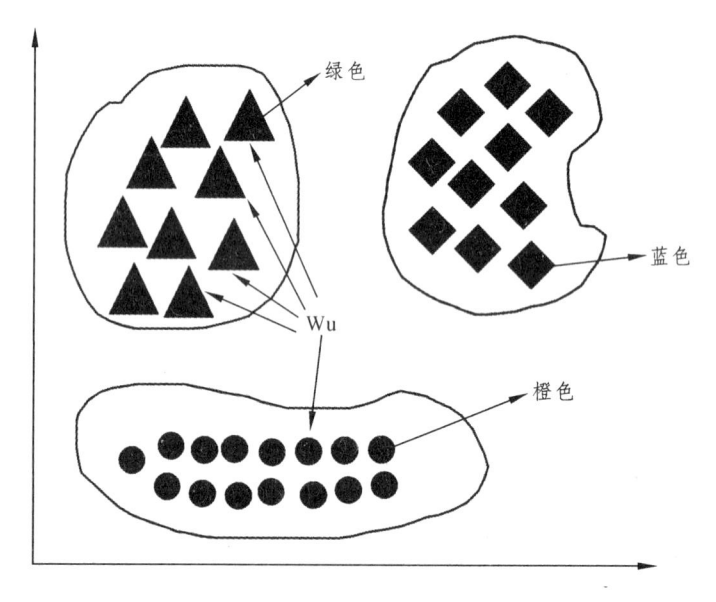

图 1　KNN 算法模型

如图 1 所示，针对测试样本 Wu，想要知道它属于哪个分类，就先循环所有训练样本找出离 Wu 最近的 k 个邻居（假设 $k=5$），然后判断这 k 个邻居中，大多数属于哪个类别，就将该类别作为测试样本的预测结果，如图 1 有 4 个邻居是橙色，1 个是绿色，那么判断 Wu 的类别为"红色"。

2. 系统设计

我们设计的这款智能分类垃圾桶具备学习能力，可以通过学习记录相关垃圾分类，从而能够做到智能识别分类，并通过相应机械结构，把不同类的垃圾自动投放到不同的垃圾桶中。对于垃圾桶不能识别的垃圾，可以通过人工方式强制定义所属类别，然后再进行垃圾分类投放。系统功能如图 2 所示。

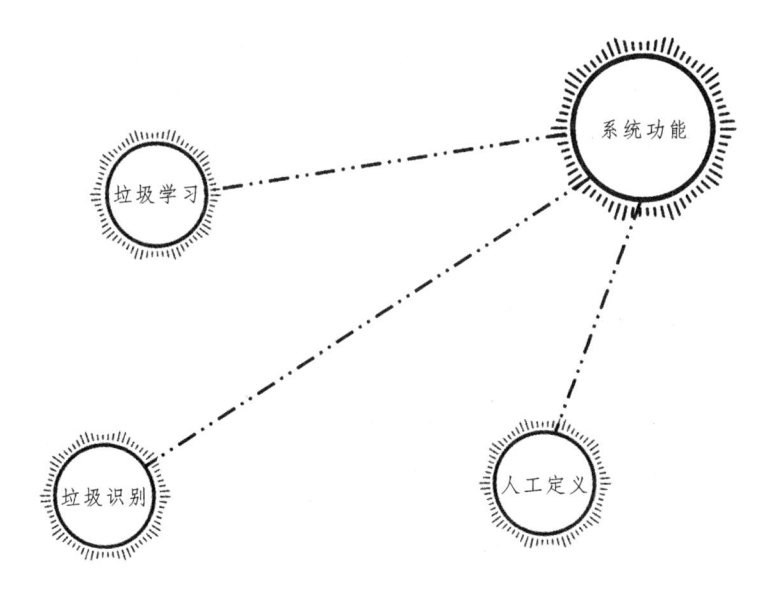

图 2　系统功能

使用流程：定义垃圾分类→垃圾学习初始化→垃圾识别（可识别的垃圾）。

3. 结构设计

垃圾桶结构划分为三部分，第一部分是垃圾桶结构，第二部分是垃圾分类投放结构，第三部分是视觉识别传感器支架结构。整个产品由有机板拼接制成，可以把垃圾分为可回收垃圾、其他垃圾和有害垃圾三类，用户可以直接把垃圾扔进垃圾桶，也可以把垃圾放在顶上垃圾分类区域。当使用者把垃圾放在垃圾分类口时，系统通过摄像头进行图像识别，如果识别成功，控制器启用垃圾分类程序，把垃圾分入相应垃圾桶；如果识别不了，这时使用者可以通过按键或者语音识别告诉控制器属于什么类型垃圾，等系统学习后下次再放入相同垃圾就能识别了。通过这样不断学习，系统越来越完善，管理者还能远程查看垃圾的状态和所在位置。通过语音合成技术提高了设备的互动性。

四、创新点

（1）设备能够自动分拣垃圾，使得垃圾分类更加容易。

(2)利用图像识别技术,能不断学习丰富,体现了设备的人工智能特性。

(3)通过物联网卡联网,摆脱 WiFi 的局限性,只要有移动网络的地方就能联网和卫星定位,使得远程控制更加稳定,范围更加广泛。

(4)采用语音识别和语音合成技术,使设备控制更灵活,互动性强且更加有趣。

五、材料清单

表 1 材料清单

序号	名称	数量	备注
1	ArduinoUNO 主控板	1	
2	ArduinoUNO 扩展板	1	
3	按钮	3	
4	LED 灯	1	
5	显示屏	1	
6	NB-LOT 模块	1	
7	语音识别模块	1	
8	语音合成模块	1	
9	舵机	3	
10	IIC 级联模块	1	
11	摄像头	1	
12	导线	若干	
13	有机玻璃板	若干	
14	螺丝	若干	

六、制作过程

(1)设计垃圾桶外观,切割有机玻璃板。

(2)将扩展板(见图 3)接到 ArduinoUNO 板(见图 4)上。

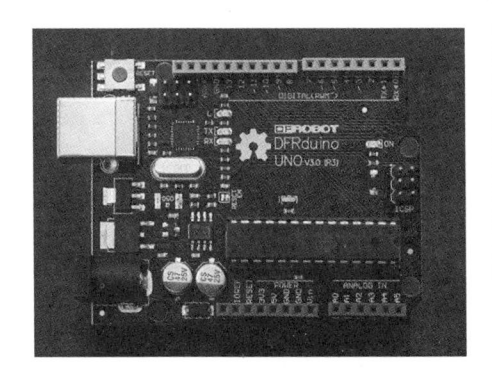

图3 扩展板　　　　　　　　图4 ArduinoUNO板

(3)将数字大按钮模块(见图5、图6)连接到扩展板上。

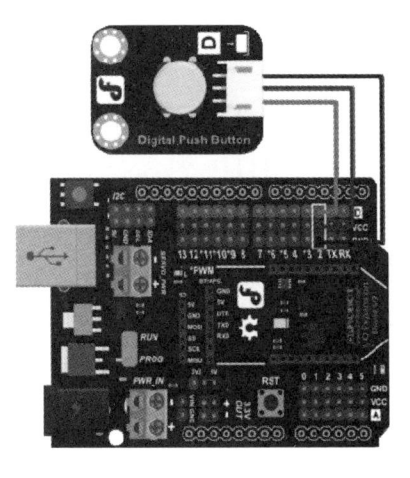

图5 数字大按钮模块　　　　图6 数字大按钮连接到扩展板

（4）将OLCD显示屏（见图7、图8）上。

图7　OLCD显示屏

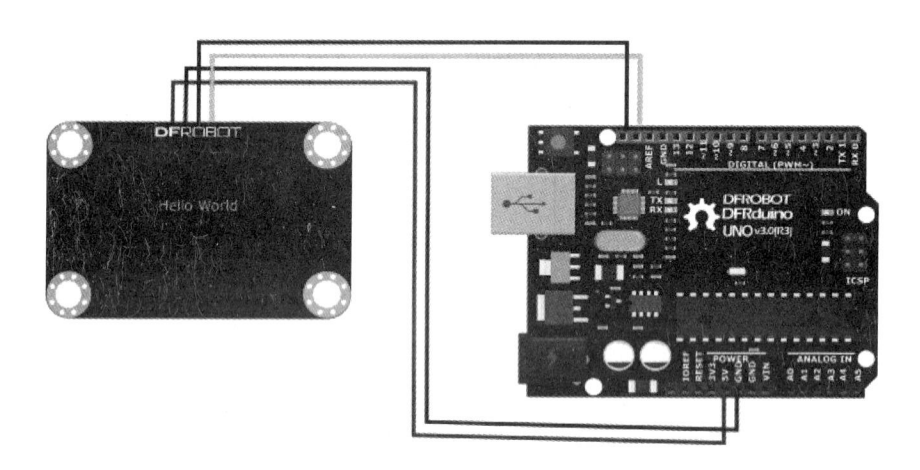

图8　OLCD显示屏连接到扩展板

（5）安装舵机、语音识别、合成等模块。
（6）使用专用胶水对有机板进行粘连。

七、成品图

(a)

(b)

(c)

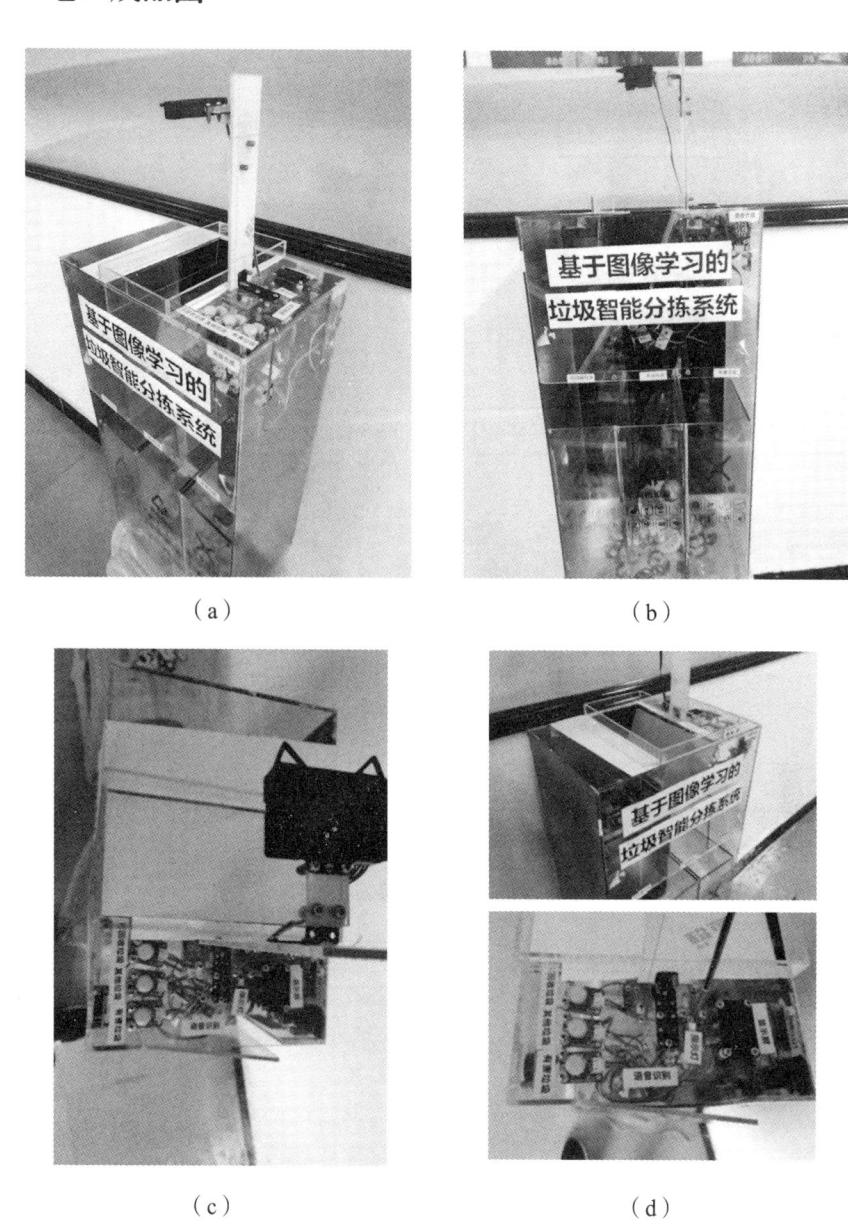

(d)

图 9 成品图

八、流程图

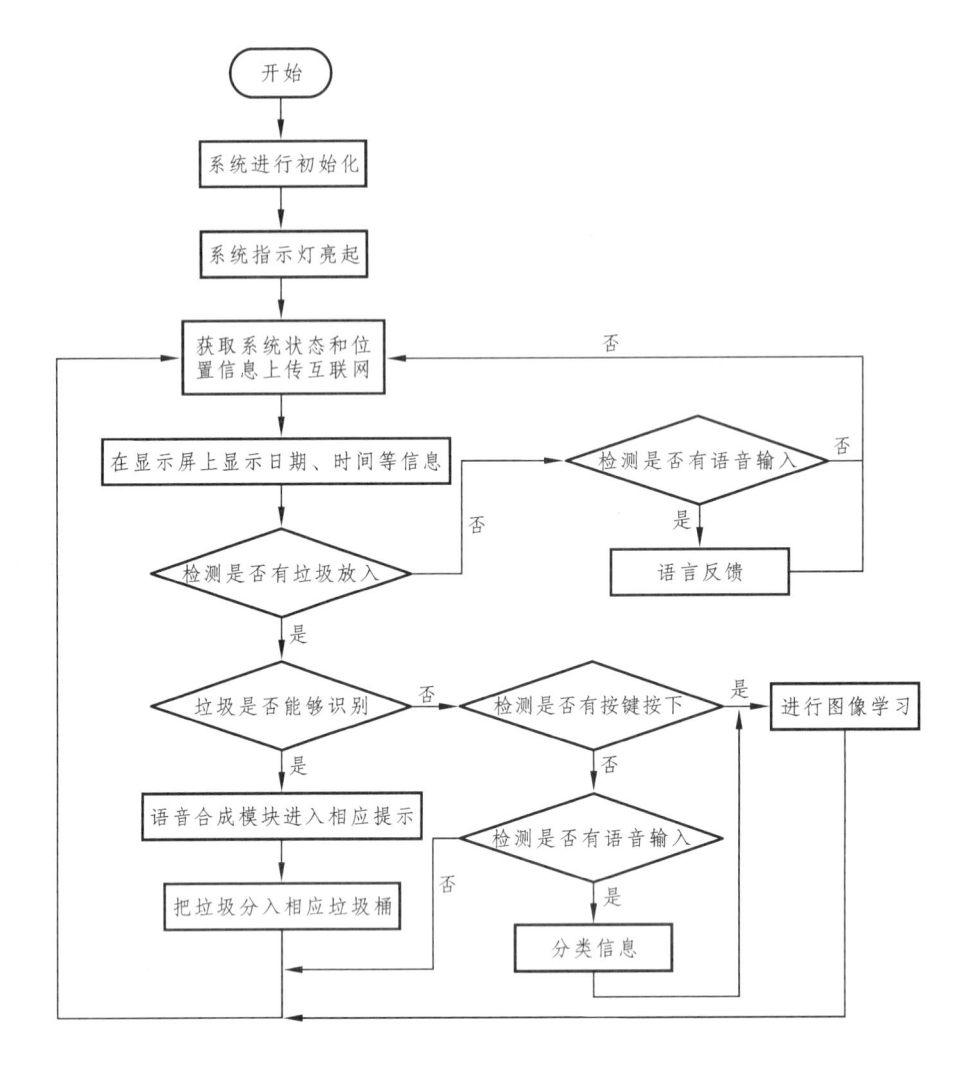

图 10　流程图

九、原理图

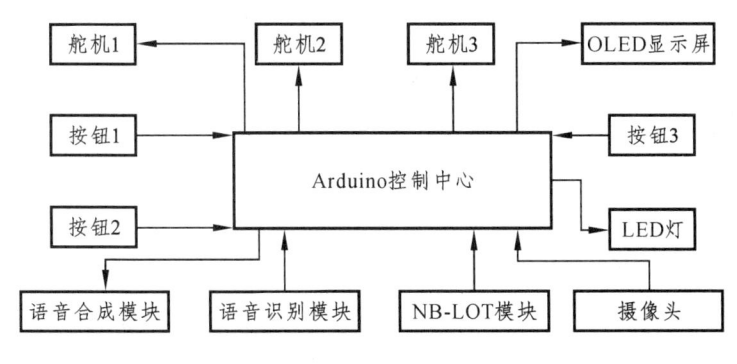

图 11 原理图

十、使用效果

产品设计完成后,进行了测试、评估,达到了预期的目标,功能能正常使用。

十一、总结与展望

从作品构思到功能的设计,再到功能的实现,最后到最终产品的制作,本人具备了把知识应用到实际的能力,培养了不怕失败的精神,比如在实现垃圾自动分拣时,试了很多方式都不能达到预期目标,失败了很多次,但经过不懈努力,最后取得成功。

参考文献

[1] 梁小龙,刘九龙,欧阳歆瞳,等. 基于 FPGA 的智能语音垃圾箱的设计与实现[J]. 物联网技术,2021,11(05):39-41+44.

[2] 徐隆鑫,孙永华,何仕俊,等. 基于不同光谱匹配算法的无人机高光谱遥感影像建筑垃圾分类研究[J/OL]. 首都师范大学学报(自然科学版):1-8[2021-05-27]. http://kns.cnki.net/kcms/detail/11.3189.N.20210518.1623.006.html.

[3] 孙月，王婷，朱金辰，等. 垃圾分类背景下快递包装回收箱设计与物流运营研究[J]. 南方农机，2021，52（09）：19-21.

[4] 张雅楠，丁治中，舒诗琦，等. 塑料垃圾智能回收装置的设计研究[J]. 科学技术创新，2021（13）：194-196.

[5] 党誉豪，王廷军，张贯尧，等. 家用智能语音垃圾箱的设计与应用[J]. 科技风，2021（12）：9-10，26.

[6] 胡振山，江振青，吕海燕. 基于语音识别的智能垃圾分类系统设计[J]. 科技视界，2021（10）：56-58.

[7] 齐鑫宇，龚劬，李佳航，等. 基于深度学习的垃圾图片处理与识别[J]. 电脑知识与技术，2021，17（09）：20-24.

[8] 黄剑林，韦国全，林伟杰，等. 基于MCU的智能分类垃圾箱[J]. 电子世界，2021（05）：186-187.

[9] 周鑫，刘林阴，路赛，等. 基于深度学习的校园智能分类垃圾系统研究与实现[J]. 电子世界，2021（03）：144-145.

[10] 姜箬茗，吴晨珠，杨奇莲，等. 基于物联网的环保智能分类回收垃圾桶[J]. 信息记录材料，2021，22（02）：211-212.

家用智能晾衣管理系统

***（遵义市第一中学 563000）

摘要：

本系统使衣架在两个电机的带动下实现上升、下降、伸出窗外、收回等功能，用户可以通过按钮、语音识别和远程控制三种方式控制衣架。下雨时，如果衣架已经伸出窗外将会自动收回并关上窗户，如果窗户处于开启状态会自动关闭，用户的每一次操作和衣架的每个状态都有语音互动，让产品使用更加灵活。

关键词： 智能晾衣

Abstract:

The intelligent clothes drying system enables the clothes hanger is driven by two motors to achieve functions such as lifting, lowering, extending out of the window, and retracting. Users can control the clothes hanger through buttons, voice recognition, and remote control. When it rains, the clothes hanger cannot extend out of the window. If the clothes hanger has already extended out of the window, it will automatically retract and close the window. If the window is in the open state, it will automatically close. Every user operation and every state of the clothes hanger have voice interaction, making the product more vivid.

Keywords: intelligent clothes drying

一、研究背景

夏季天气多变，给人们特别是外出的人们在家晾晒衣服带来不便。于是本报告设计了一款家用智能晾衣管理系统，在天晴时自动伸出窗外进行晾晒，下雨时又自动收回屋内并关好窗户，为人们生活带来帮助。

二、创新点

（1）晾衣系统可以实现下雨自动收回衣架以及自动关窗，方便外出的人们。

（2）既可以通过按钮控制，也能用语音控制，让使用者灵活选择，还能通过手机远程查看控制系统。

（3）晾衣架采用蜗杆结构，能很好地防止衣架负重过大时下滑，提高了安全性。

三、材料清单

表1 材料清单

序号	名称	数量	备注
1	ArduinoUNO 主控板	1	
2	ArduinoUNO 扩展板	1	
3	按钮	4	
4	轻触开关	3	
5	电机驱动板	1	
6	物联网模块	1	
7	语音识别模块	1	
8	MP3 模块	1	
9	舵机	1	
10	电机	2	
11	喇叭	1	
12	导线	若干	
13	有机玻璃板	若干	
14	螺丝	若干	

四、制作过程

（1）设计系统外观，切割有机玻璃板。

（2）将扩展板（见图1）接到 ArduinoUNO 板（见图2）上。

（3）将数字大按钮模块（见图3、图4）连接到扩展板上。

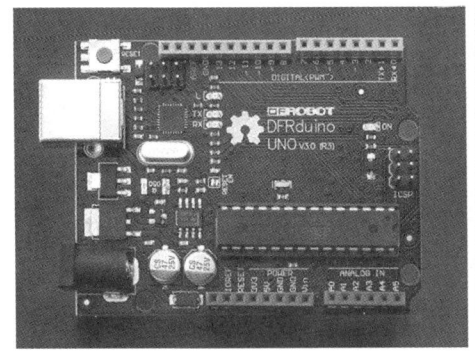

图1 扩展板　　　　　　　　　　图2 ArduinoUNO 板

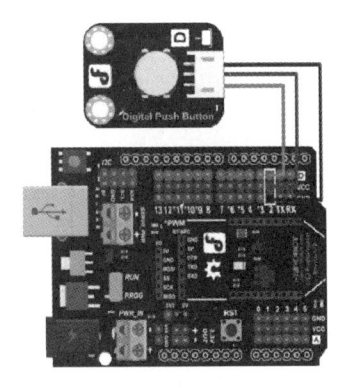

图3 数字大按钮　　　　　　　图4 数字大按钮连接到扩展板

（4）将语音识别模块（见图5、图6）连接到扩展板上。

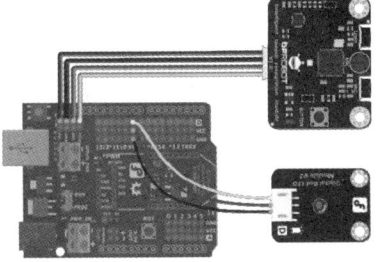

图5 语音识别模块　　　　　　图6 语音识别模块连接到扩展板

（5）安装舵机（见图7）、轻触开关（见图8）模块。

图7 舵机　　　　　　　　　　图8 轻触开关

（6）使用乐高材料搭建衣架，如图9所示。

图9 使用乐高材料搭建衣架

（7）将物联网模块（见图10、图11）连接到扩展板上。

图10　物联网模块

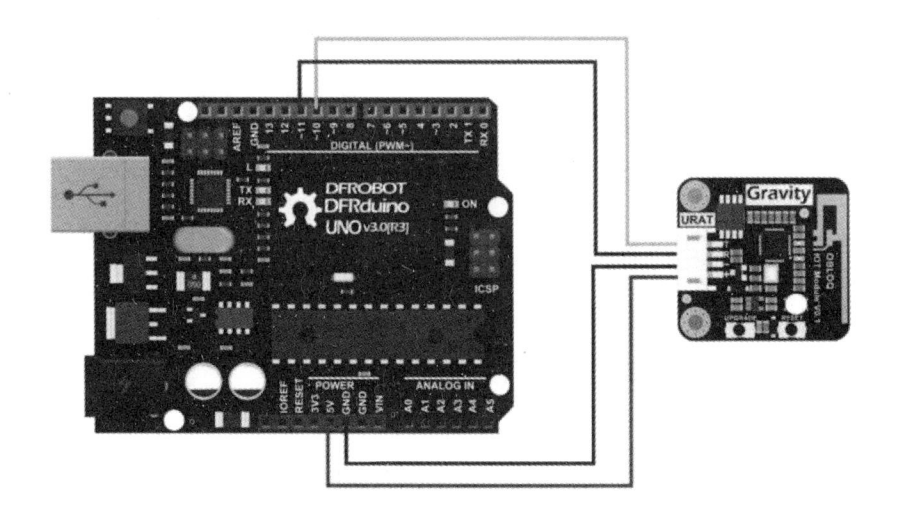

图11　将物联网模块连接到扩展板

（8）将电机驱动板连接到扩展板上，如图12所示。

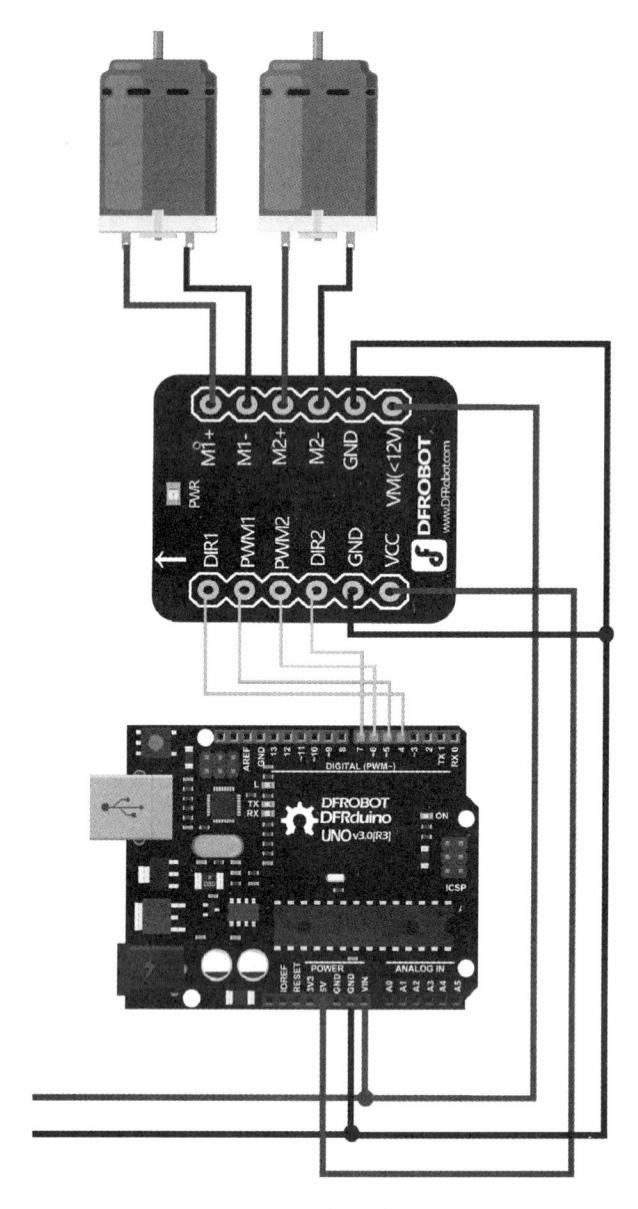

图 12　电机驱动板连接到扩展板

（9）有机板使用专用胶水进行粘连。

五、流程图与原理图

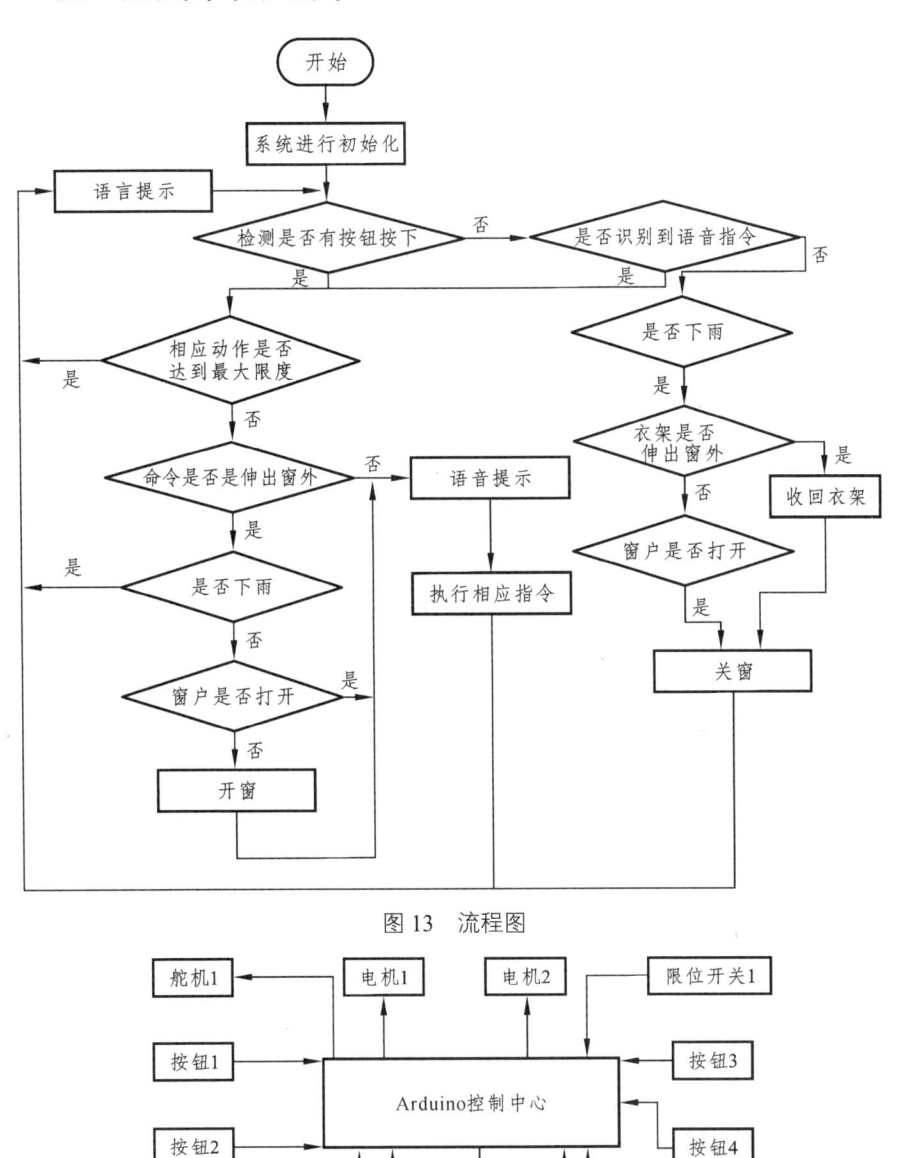

图 13　流程图

图 14　原理图

六、成品图

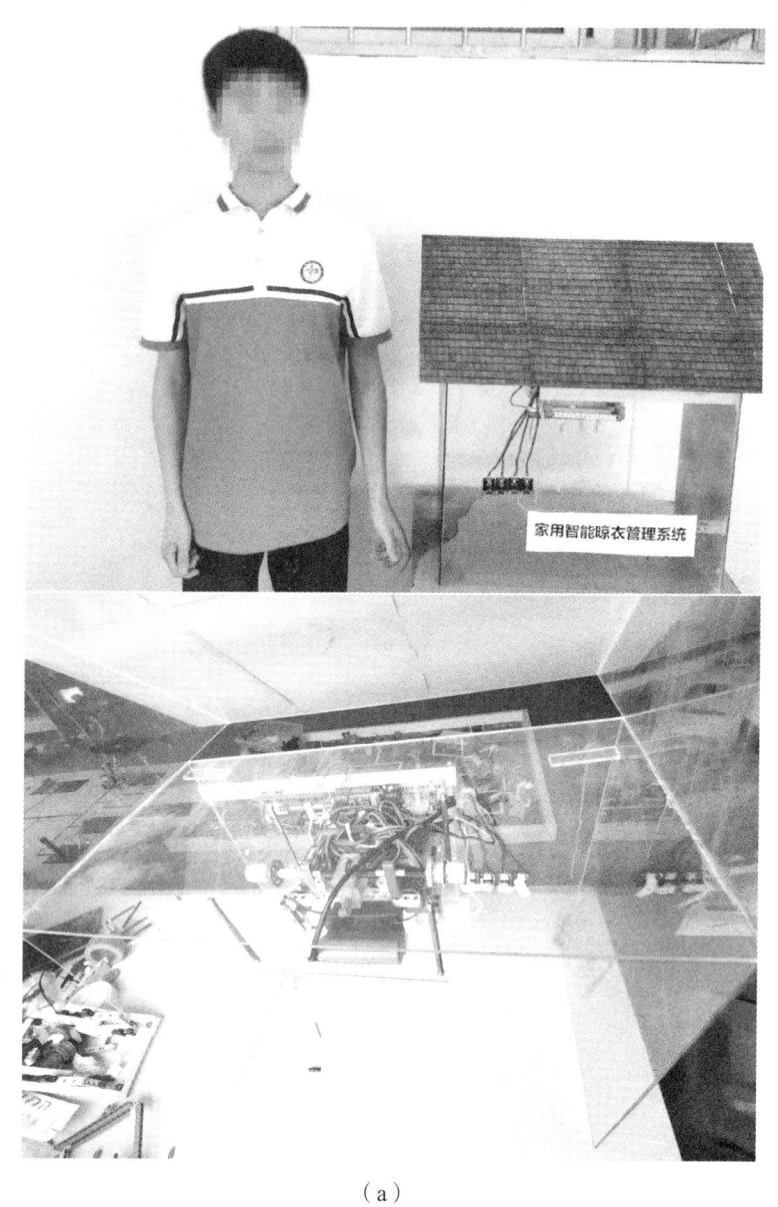

(a)

(b)

(c)

图 15 成品图

七、使用效果

晾衣系统可以使衣架和窗户很好地联动，实现下雨自动收回衣架以及自动关窗，让生活更加方便。用户可以通过按钮控制，也能通过语音控制，还能通过手机远程查看控制系统。晾衣架采用蜗杆结构，能很好地防止衣架负重过大时下滑，提高了安全性。在测试过程中出现部分问题，都一一耐心调试解决，例如语音识别经常产生误判，于是加入了很多"垃圾"词组，这样使得语音识别更加准确，系统的使用效果满足要求。

八、总结与展望

系统的功能达到了开始的设想，但是还有进一步提升空间，如把晾衣系统接入当下主流的智能家居系统，与其他智能设备进行联动，实现更加智能的生活。

参考文献

[1] 张立勇，王文军. 一款伸缩式智能防雨晾衣架设计[J]. 南方农机，2021，52（08）：149-150.

[2] 苏云洋，孙平枫，李中治，等. 智能收衣架的设计与实现[J]. 福建电脑，2021，37（02）：112-113.

[3] 沈琳，夏岚，袁进东，等. 基于便携式智能衣架的需求分析与设计[J]. 家具与室内装饰，2021（02）：60-63.

[4] 林关成. 基于 STC89C52 单片机的智能晾衣架控制系统设计[J]. 计算机与数字工程，2021，49（01）：55-58，147.

[5] 李钰，张晋轩，莫记鹏. 基于 Arduino 单片机的智能晾衣架的设计[J]. 科学技术创新，2020（33）：183-184.

[6] 张斌，马永斌，邱秀荣，等. 智能晾衣架控制系统的设计与实现[J]. 微处理机，2020，41（03）：48-50.

[7] 张铃，廖艺灼，黄焱. 物联网环境下的新型智能晾衣架[J]. 电子技术与软件工程，2020（07）：85-87.

［8］李昕鸣，郑淑馨，李侃，等.智能高效多功能晾衣架的设计[J].现代制造技术与装备，2020（03）：83-86.

［9］吕晓颖.基于手机APP的WiFi智能晾衣架设计[J].信息与电脑（理论版），2019（14）：83-84.

［10］孙宇丹，潘颖，荣远宏，等.基于物联网的智能晾衣架控制装置的设计[J].电子世界，2019（03）：148-149.

［11］柯凯译，邹高韬，黄雪晴，等.全自动智能晾衣架的研究与设计[J].科技经济导刊，2018，26（34）：27.

［12］谈敏.智能晾衣架创新设计与控制系统研究[J].机电工程技术，2018，47（05）：133-135.